数字经济下
产业发展创新探索

张 瑜 王 振 ◎著

中国书籍出版社
China Book Press

图书在版编目（CIP）数据

数字经济下产业发展创新探索 / 张瑜，王振著.
北京：中国书籍出版社, 2024. 11. -- ISBN 978-7
-5241-0010-2
Ⅰ. F492.3
中国国家版本馆 CIP 数据核字第 20248DQ527 号

数字经济下产业发展创新探索
张　瑜　王　振　著

图书策划	邹　浩
责任编辑	李　新
责任印制	孙马飞　马　芝
封面设计	博健时代
出版发行	中国书籍出版社
地　　址	北京市丰台区三路居路 97 号（邮编：100073）
电　　话	（010）52257143（总编室）　　（010）52257140（发行部）
电子邮箱	eo@chinabp.com.cn
经　　销	全国新华书店
印　　厂	廊坊市博林印务限公司
开　　本	710 毫米 × 1000 毫米　1/16
印　　张	13.5
字　　数	225 千字
版　　次	2025 年 4 月第 1 版
印　　次	2025 年 4 月第 1 次印刷
书　　号	ISBN 978-7-5241-0010-2
定　　价	78.00 元

版权所有　翻印必究

前　言

数字经济是以数字化知识和信息为核心生产要素，依托现代信息网络，通过高效应用信息通信技术，推动效率提升和经济结构优化的经济活动总称。从云计算、大数据、人工智能到区块链、5G通信等前沿技术的不断涌现，数字经济正以前所未有的速度重塑着全球经济版图，推动传统产业转型升级，催生新业态、新模式，为全球经济社会发展注入了强劲动力。

本书从数字经济的基本原理和发展历程入手，阐释数字经济的内涵、特点以及数字基础设施与技术基础的重要性。随后，通过对数字经济产业组织理论的分析，揭示数字化企业的性质、市场不完全竞争以及数字经济对劳动力市场和产业绩效的影响。接下来探讨数字经济对产业升级的推动作用，分析数字经济下产业升级的总体格局、重点行业的发展与产业结构转型升级的推动路径。同时，针对服务业和农业、制造业等不同领域，分别探讨数字经济下的创新与发展。最后，对数字经济政策进行深入研究，并对其发展前景进行了展望，包括数字经济政策的变迁、元宇宙产业的发展趋势以及产业发展的未来方向。

本文不仅涵盖数字经济的理论和实践，还深入分析其对不同产业的影响和创新路径。通过对数字经济的全面剖析，旨在为读者提供一个清晰的视角，以理解和把握数字经济的发展趋势和机遇。作者撰写本书力求内容丰富、理论与实践并重，争取对推动产业发展创新、把握时代机遇起到一定作用。

笔者在撰写本书的过程中，得到一些专家学者的帮助和指导，在此表示诚挚的谢意。由于笔者水平有限，加之时间仓促，书中所涉及的内容难免有疏漏之处，希望各位读者多提宝贵意见，以便笔者进一步修改，使之更加完善。

目 录

第一章　数字经济原理及发展基础 … 1

第一节　数字经济的内涵及特点 … 1
第二节　数字经济的兴起与发展 … 3
第三节　数字经济的相关原理 … 7
第四节　数字基础设施与技术基础 … 24

第二章　数字经济的产业组织理论 … 38

第一节　数字化企业的性质与边界 … 38
第二节　数字经济市场中的不完全竞争 … 46
第三节　数字经济与劳动力市场 … 51
第四节　数字化对产业绩效的影响 … 69

第三章　数字经济与产业升级的思考 … 75

第一节　数字经济对产业升级的影响 … 75
第二节　数字经济下产业升级的总体格局 … 80
第三节　数字经济下重点行业的发展 … 87
第四节　产业结构转型升级的推动路径 … 96

第四章　数字经济下的服务业发展创新 … 106

第一节　服务业及其发展概述 … 106
第二节　数字金融与经济高质量发展 … 110
第三节　数字文旅产业的融合发展创新 … 124

第四节　数字经济下智慧交通的发展 …………………… 129

第五节　数字经济下医疗数字化与数字医疗 …………… 135

第五章　数字经济下的农业发展创新 ……………………… 142

第一节　对农业的基本认识 ……………………………… 142

第二节　数字经济下农业现代化发展的价值 …………… 146

第三节　数字经济下农业现代化发展的路径 …………… 149

第四节　数字经济下农业供应链金融创新模式 ………… 155

第六章　数字经济下的制造业发展创新 …………………… 160

第一节　制造业及其发展概述 …………………………… 160

第二节　数字经济下制造业发展的内生动力 …………… 164

第三节　数字经济下制造业发展的有效途径 …………… 168

第四节　数字经济下制造业的绿色转型发展 …………… 172

第七章　数字经济政策研究及其发展前景探究 …………… 179

第一节　数字经济的政策变迁与演进规律 ……………… 179

第一节　数字经济引领产业高质量发展的思考 ………… 188

第三节　数字经济下元宇宙产业的发展趋势 …………… 197

第四节　数字经济下产业发展的前景展望 ……………… 203

参考文献 …………………………………………………… 207

第一章 数字经济原理及发展基础

第一节 数字经济的内涵及特点

一、数字经济的内涵

数字经济是在大数据、"互联网+"时代下诞生的，是经济学领域的概念，即借助大数据的识别、选择、过滤、储存促进资源的优化配置和再生，以助推经济的高质量发展。数字经济的内涵宽泛，从目前来看，凡是能够发挥出数据手段的引导作用，促进生产力发展，都属于数字经济的范畴。从技术层面来看，数字经济的内容有云计算、大数据、区块链、5G 通信、人工智能等等；从技术角度来看，数字经济的代表有新制造、新零售等。数字经济是在农业经济和工业经济发展之后的一种重要经济形态，其发展的关键要素不同于以往的农业和工业资源，而是以数据作为主要要素，基于网络这个载体，通过信息与通信技术的融合发展促进经济的发展，是一种全新的经济业态。步入信息时代之后，大数据、云计算等迅速发展，上述技术的发展和推动也就衍生出了数字经济模式，数字经济与传统的农业经济、工业经济有着明显差异，是一种全新的业态形式，让整个社会发生了深刻变革。

二、数字经济的特点

数字经济受到三大定律的支配：①梅特卡夫定律。网络的价值等于其节点数的平方，所以网络上联网的计算机越多，每台电脑的价值就越大，"增值"以及指数关系不断变大。②摩尔定律。计算机硅芯片的处理能力每 18 个月就翻一番，而价格减半。③达维多定律。进入市场的第一代产品能够自动获得 50% 的市场份额，所以任何企业在本产业中必须第一个淘汰自己的产品。实际上达维多定律体现的是网络经济中的马太效应。这三大定律决定了数字经济具有以下基本特征：

（一）快捷性：数字经济时代的速度革命

在数字经济时代，互联网的普及与应用如同一股强大的推动力，将世界各地的国家和地区紧密地编织在一起，构建了一个前所未有的"地球村"。这一变革不仅极大地缩短了物理距离，更深刻地打破了时间壁垒，使得信息的传输与共享不再受限于地域和时区的限制。信息，这一现代经济的核心要素，得以在全球范围内即时流动，为经济活动的迅速响应与高效运作提供了坚实的基础。

数字经济的快捷性，首先体现在信息交流的即时性上。无论是商业谈判、市场调研，还是供应链管理、客户服务，都能够在几乎零时差的状态下完成，极大地缩短了决策周期与响应时间。这种速度优势不仅提升了企业的运营效率，更为消费者带来了更加便捷、个性化的服务体验。同时，随着大数据、云计算等先进技术的应用，数字经济还能实现信息的实时收集、处理与分析，为企业精准把握市场动态、优化资源配置提供了强有力的支持。

此外，数字经济的快捷性还促进了全球经济一体化进程的加速。跨境电商、在线支付、数字货币等新兴业态的兴起，使得国际贸易与投资活动更加便捷高效。企业可以轻松地跨越国界，在全球范围内寻找合作伙伴、拓展市场，消费者也能享受到来自世界各地的优质商品与服务。这种跨越时空的经济往来，不仅促进了全球资源的优化配置，也为各国经济的增长注入了新的活力。

（二）高渗透性：数字技术融合产业的催化剂

数字经济的高渗透性，是其区别于传统经济形态的又一显著特征。无论是网络技术还是信息技术，都展现出了强大的渗透力，它们像无形的触手一般，深入到了社会经济的每一个角落，极大地拉近了第一产业、第二产业、第三产业之间的距离，推动了产业之间的深度融合与协同发展。

在农业领域，物联网、智能感知等技术的应用，使得农业生产实现了精准化、智能化管理，提高了农作物的产量与品质；在工业领域，工业互联网、智能制造等技术的推广，推动了生产方式的根本性变革，提升了工业生产的效率与灵活性；在服务业领域，数字技术的渗透则促进了服务模式的创新与升级，为消费者提供了更加多样化、个性化的服务体验。

数字经济的高渗透性，不仅促进了传统产业的转型升级，更为新兴产业的诞生与发展提供了肥沃的土壤。通过数字技术与传统产业的深度融合，一批以大数据、云计算、人工智能等为核心的新兴产业应运而生，为经济增长注入了新的动力。

(三) 自我膨胀性：数字价值增长的指数效应

数字经济的价值增长具有显著的自我膨胀性特点。这一特点主要体现在网络节点数量的不断增加以及由此带来的效益的指数级增长上。随着互联网的普及与应用的深入，网络节点数量呈爆炸式增长态势，每一个新增的节点都在为整个网络的价值增长贡献自己的力量。这种增长方式不仅使得数字经济的价值总量迅速膨胀，更推动了其影响范围的持续扩大。

然而，数字经济的自我膨胀性也带来了一定的风险与挑战。一方面，由于技术优势与规模效应的积累，部分企业在数字经济领域形成了强大的市场影响力与竞争力，容易出现市场垄断的问题；另一方面，数字技术的快速发展也使得信息安全、隐私保护等问题日益凸显，需要引起高度重视与有效应对。

因此，在推动数字经济发展的过程中，需要注重平衡速度与质量、效率与安全的关系，加强监管与引导力度，推动数字经济健康、有序、可持续地发展。同时，还需要加强国际合作与交流，共同应对数字经济带来的全球性挑战与机遇。

第二节 数字经济的兴起与发展

数字经济的发展伴随互联网、大数据、云计算、人工智能等数字技术的创新、扩散与成熟到大规模运用，迄今为止大致经历了五个典型阶段，分别是数字经济的发端、数字经济的浮现、数字经济的兴起、数字经济1.0和数字经济2.0阶段，这五个发展阶段有时并没有明显的界限，更多是自然递进、相互融合、相互促进的发展关系。

一、数字经济的发端

数字经济的起源可追溯至20世纪中叶，当时电子计算机的诞生标志着人类社会进入信息时代，开启了数字化的先河。在这一时期，信息内容的数字化转型成为关键，语言、文字、音视频等传统信息形式被转化为电子计算机能够处理的二进制代码，为后续的数字经济发展奠定了基础。

随着计算技术的不断进步，从个人计算机到超级计算机、网络计算机乃至量子计算机的发展，计算能力实现了质的飞跃。这一过程中，计算技术的应用领域也从科学研究扩展到了企业管理、日常生活以及消费购物等多个层面，显示出数字经济的广泛应用潜力。

此外，通信技术与网络技术的发展促进了信息的快速流通与共享，为数字经济的全球化提供了技术支撑。信息内容的数字化记录成为可能，尽管在数字经济的早期阶段，部分信息内容的数字化收集、存储、加工与分析仍面临挑战，但这些挑战也激发了对更高效、更全面数字化解决方案的探索与创新。

二、数字经济的出现

20世纪60年代末，信息技术（IT）的兴起与应用、阿帕网的诞生标志着数字经济进入网络化的萌芽阶段，即通过网络通信技术实现了人与人、人与物、物与物之间的实时连接。20世纪70年代到20世纪90年代，随着IT在传统的行业和领域的大量应用，以IT相关的软件开发和硬件制造为主体的ICT产业也在迅猛发展，互联网开始兴起并逐渐在各行业得到初步应用，这大大降低了经济系统的运行成本，提升了原有经济系统的运行效率。

三、数字经济的兴起

数字经济的兴起是20世纪90年代技术革新和社会转型的直接产物。随着互联网等数字技术的成熟与广泛应用，数字经济的概念应运而生，并迅速成为学术界和产业界的关注焦点。这一时期，数字化应用的普及和企业数字化程度的提高，标志着数字经济从概念走向实践，进入了一个迅猛发展的新阶段。

在20世纪90年代，尽管全球经济整体表现平平，但特定国家如美国却实现了连续多年的快速增长，创造了持续增长时间最长的历史纪录。这一现象被认为与计算机和互联网技术的大规模商业化运用有着密切的联系。数字流的二进制形式不仅改变了信息的传输和人机交互方式，也对商品流通、交易和支付方式产生了深远的影响。

进入20世纪90年代后期，互联网的全球普及为数字经济的发展提供了重要的基础设施。在这一背景下，信息和通信技术（ICT）成为推动经济增长的关键要素。学术著作进一步深化了对数字经济现象和趋势的认识，提出了信息存储的虚拟化和数字化对传统工业经济时代的颠覆性影响。

随后，数字经济的概念得到了更广泛的官方认可和使用。各国采用了"数字经济"的提法，并发布相关报告，强调电子商务等数字经济形式的重要性，以及数字技术发展在国家经济战略中的核心地位。这些报告不仅为数字经济的结构和未来发展提供了蓝图，也促进了与数字经济相关的研究成果的涌现，使数字经济成为推动经济发展的新动力。

数字经济的兴起和发展，是技术进步、社会需求和政策支持共同作用的结果。它不仅改变了经济活动的形态，也为经济的持续增长和创新提供了新的可能性。随着技术的不断演进和应用的深化，数字经济有望在未来发挥更加关键的作用。

四、数字经济 1.0

进入21世纪，数字技术的迅猛发展和创新，如大数据、云计算、物联网、人工智能和3D打印等，已经将数据资源转化为经济社会发展的关键驱动力。这些技术的发展和应用标志着社会经济进入了以数据为核心的1.0时代，其中数据的积累、分析和利用成为推动经济增长和产业创新的关键因素。

随着数字化概念和数字技术的广泛传播，国际组织和各国政府开始认识到数字经济在促进产业创新和经济增长中的重要作用。2000年，美国商务部发布的报告《新兴的数字经济》标志着数字经济时代的到来，该报告首次从政府官方角度确认了数字经济对经济增长的贡献，并开始将数字经济纳入官方统计范畴。这不仅促进了数字经济概念的普及和数字技术的广泛应用,也使得发展数字经济的理念在全球范围内得到认可和推广。

在这一背景下,国际组织和各国政府纷纷出台了与数字经济相关的战略和政策框架,以期通过政策支持和研究投入,推动数字经济的发展。这些政策和战略的制定,反映了全球范围内对数字经济重要性的认识和对经济社会转型的期待。

数字经济的发展不仅被视为经济增长的新引擎,也是推动社会进步和产业升级的重要途径。随着数字技术的不断进步和应用的深化,数字经济的潜力和价值将持续被挖掘和实现,为全球经济的持续发展和社会的全面进步提供强有力的支持。

五、数字经济 2.0

进入 21 世纪第二个十年,全球经济结构和增长模式经历了显著的转变。2016 年,全球市值最高的五家公司均为数字平台公司,这标志着数字技术在经济领域的核心地位日益凸显。在这一背景下,数字技术对农业、制造业、服务业等传统行业的数字化改造不断加速,智慧农业、智能制造、智慧物流、互联网金融等领域的快速发展,预示着全球数字经济进入了 2.0 阶段。

2015 年,"互联网+"概念首次被纳入政府工作报告,这不仅体现了我国对互联网融合创新作用的重视,也标志着我国数字经济发展的新篇章。随后,"数字经济"一词频繁出现在政府工作报告和各类官方文件中,反映出我国对数字经济发展的战略重视和政策支持。

随着人工智能等前沿技术的快速发展,数字经济 2.0 阶段的核心特征是智能化。代表性公司在语音与图像识别、自动驾驶、数字医疗等领域取得的突破性进展,推动了我国数字经济向智能化转型。尽管目前商业模式主要集中在单一的弱人工智能应用上,但未来智能化技术的发展空间巨大,预计将对我国数字经济的发展和生产生活方式的变革产生深远影响。

物联网及其相关设备的快速增长,为数字经济的发展提供了新的动能。然而,随着数字经济的深入发展,一系列问题也逐渐显现,包括数据纷争的解决、数据安全的治理、数字鸿沟的跨越以及数字素养的提升等。这些问题的解决对于数字经济的健康发展至关重要。

第三节 数字经济的相关原理

一、数字经济对传统理论的冲击

传统的经济理论赖以存在的经济基础受到了数字经济的巨大冲击，数字经济下的许多问题可能无法运用传统的经济理论予以解释，传统的经济理论可能需要重新审视与不断创新。总体来看，数字经济的发展给传统经济理论带来的冲击主要体现在对资源稀缺性、信息对称、理性人、完全竞争等基本假设与相关原理的冲击以及对从微观、中观到宏观的基本理论，如消费者理论、生产者理论、产业经济学理论、经济增长与经济周期理论等一些具体领域的冲击上。

（一）对经济学基本假设与相关原理的冲击

1. 对经济学基本假设的冲击

（1）资源稀缺性：从相对稀缺到相对不稀缺。在传统经济体系中，资源的稀缺性是一个核心概念，它基于自然资源的有限性和人类需求的无限性之间的矛盾。这种稀缺性导致了对资源的掠夺性开发，不仅对环境造成了破坏，而且对后代的可持续发展构成了威胁。在这种背景下，资源的获取和使用需要付出显著的经济和社会成本。

然而，随着数字经济时代的到来，资源稀缺性的视角正在发生变化。数据作为一种新的资源，具有独特的属性，它不仅具有非竞争性，允许多人同时使用而不会减少其可用性，而且还具有可再生性，可以通过持续的生成和收集过程急剧增加。这些特性表明，在数字经济中，数据资源的稀缺性可能不再像传统资源那样成为制约经济发展的主要因素。

数据的价值在于其收集、加工和整理过程，这一过程需要投入人力、财力和物力。因此，尽管数据本身的获取可能变得更加容易和成本低廉，但转化为有价值信息的数据仍然具有稀缺性。特别是高价值的知识和信息，可能因其独特性和对特定问题解决的重要性而需要高昂的费用。

尽管如此，数字经济的发展可能会缓解资源稀缺性的问题。随着数字技术的进步，获取和处理数据的能力不断提高，这可能会降低对高价值信息的获取成本。此外，数据资源的增加和利用方式的创新，可能会创造出新的价值创造方式和经济增长模式，这些方式和模式在传统经济中是难以想象的。

（2）信息完全：从信息不完全到信息相对完全。在古典经济学中假设信息完全，其实传统经济学认为信息是不可能完全的，因为信息的获取会受到信息的分散性、获取信息的成本、人们的认识水平以及个人机会主义的限制。但在交互性和实时性更强的数字经济下，借助大数据、云计算等数字技术，人们可克服信息的分散性，降低获取信息的成本，相对传统经济时代可以更迅速、更低成本地获取各种市场信息，使得信息不对称程度比传统经济时代有所降低与弱化。但由于人们自身知识结构与认识水平的缺陷以及机会主义的存在，再加上每个追求自身利益最大化的经济人，都会在获取信息的成本与收益之间权衡，他们也做不到信息完全与信息对称，只能是比传统经济时代更完全或相对完全。

（3）理性经济人：从有限理性到高度理性。在传统经济理论中，经济人假设为在完全信息的条件下追求自身利益最大化的理性个体。然而，随着研究的深入，发现信息获取本身需要成本，这限制了经济人获取完全信息的能力，导致理性的局限性，即有限理性。

数字经济时代的到来，改变了信息获取和处理的格局。在这一时代，信息的高度互联互通和市场信息的丰富性，使得经济人能够以更低的成本和更及时的方式获取较为充分的市场信息。这种信息的易获取性，为经济人提供了更多的决策支持，从而在一定程度上超越了传统意义上的有限理性，趋向于高度理性。

此外，数字经济时代的信息获取还带来了聚合行为的兴起。经济人通过获取的相关信息能够广泛了解他人的行为，从而形成"随大流"的互联网聚合行为，这种流行性在一定程度上控制着人们的选择行为，为市场带来了自我放大的机制，改变了市场机制发挥作用的传统机理。

然而，即使在信息丰富的环境下，经济人的决策也并非总是完全理性。例如，依赖于网上产品的口碑或好评率进行购买决策，可能并不总是理性的，因为不同消费者对产品的偏好各异，而好评率可能无法全面反映产品质量的多样性。此外，网络评论的真实性和客观性也是影响经济人决策的重要因素。

为了确保市场信号的真实性和有效性，需要通过有效监管，让消费者能够看到真实、客观的好评和差评，从而做出更加理性的选择。同时，分析数字经济时代人们的行为方式，需要综合运用经济学、心理学、社会学等多学科理论进行融合创新。

(4) 完全竞争：从完全竞争到协作创新。在传统经济理论中，假定有无数个买方和卖方，把竞争作为经济人之间发生联系的重要方式，并认为竞争是完全的，即完全竞争。即使后来经多次修正，承认现实其实是竞争与垄断并存的，但总体来看，传统经济理论更多还是强调竞争。而在数字经济时代，将更多强调合作和创新，强调企业主通过与上游供应商、中游竞争对手、下游顾客的协作创新，实现"双赢"与"多赢"局面，来获取更大的市场份额，进而提升自身竞争力，以应对外部环境和激烈的市场竞争。

名义上是平台、供应商和消费者借助平台合作，供应商和消费者通过平台桥梁发生了更紧密的联系，如消费者通过平台参与厂商的研发、设计、生产全过程，而供应商依托平台促进营销与售后服务，都离不了平台。产品从厂商到消费者手中虽然少了一级代理、二级代理、批发商等中间渠道，但多了一个平台，就像传统经济下离不开代理商、批发商，数字经济下厂商和消费者更离不开平台，所以不同平台之间的竞争将更为激烈，而且大的平台更容易吞并小平台，形成垄断之势。协作创新则是指平台上不同企业通过协作加速产品、流程、工艺、功能等尤其是技术的创新活动，使竞争方式发生改变，从而进一步提高产品的多样性和差异性，更好地满足消费者的个性化需求。

所以，其实一个平台生态里面的主体更多的是通过协作创新共同把"蛋糕"做大，但不同平台之间则更多的是充满大鱼吃小鱼的激烈竞争，而且大平台更有可能形成增加垄断之势，与传统经济下的竞争原理有很大不同。

2. 经济学的基本原理的挑战

(1) 传统经济学中的边际效用递减与数字经济学中的边际效用递增。不论是传统经济还是数字经济下的边际效用递减或递增，都是从需求侧的角度，对消费者追求效用最大化行为的分析。

在传统经济学中，边际效用递减原则阐述了一个现象：当消费者连续增加对某一同质传统产品的消费时，每一额外单位的产品所带来的满足感和效用会逐渐减少。这意味着，对于富人而言，他们的边际消费倾向往往低于穷人。如果社会能够实现财富的适当再分配，从富人转移至穷人，那么整个社会的总体效用有望得到提升。然而，值得注意的是，边际效用递减原则主要适用于满足人们基本物质需求或生理需求的产品。这些产品在质量和性能上往往是同质的。例如，对于某一食品的连续消费，其边际效用会随着消费量的增加而递减。但如果消费者获得的产品在质量和性能上有所提升或优化，那么随着消费数量的增加，其带来的效用可能会呈现出递增的趋势。这为我们提供了一种理解消费者行为和市场机制的新视角。

而数字经济下的边际效用递增，是指某一数字平台或数字产品，用户使用量或用户规模越大，由于外部性的存在，带给每个消费者的效用就越大。例如，微信使用者的增加，就会给使用微信的人与更多的人沟通交流带来极大的便利，获得更好的协同价值，消费者的边际效用就会增加。数字经济时代，数据与财富存在的是边际效用递增的规律，即经济主体拥有富含信息的数据越多，数据的增加可能会使经济主体对相关标的了解越全面，减少信息不对称，每增加一条富含信息的数据，该主体的边际效用也就增加得越多。但是这里面没考虑到数据的质量问题，数据富含的信息越多信息越充分，信息不对称越小，可是经济主体不但要考虑数据的数量，更要考虑数据的质量与准确性，这就有赖于对数据的筛选，进而萃取出有价值的信息。总之，不是数据量越大越好，而是高质量、更准确的数据越多越好。

可见，数字经济下的边际效用递增则是指随着消费者对满足其社会或精神的无限需求、质量、性能不断改进的数字产品的消费不断增加，给其带来的满足程度或效用是不断递增的，如消费者获得的异质或不同的知识不断增加，就会实现融会贯通，产生更大的效用，给其带来更大的满足感，进而希冀获得更多的知识，因为新知识的接受需要一定的知识基础，一个缺乏知识的人，获得新知识后可能发掘不出多少价值，但知识渊博的人新增一条知识就会发掘更多的内涵，获得的知识越多累积效应就越强。但如果让消费者花同样的钱去消费同质的数字产品，给其带来的效用也会边际递减，如增加同样的同一位明星歌手的数字音乐消费，消费者一定不会为第二件同样的产品付半分钱的费用，但如果是在音质上有更大的改善，消费者就愿意为之支付更高昂的费用，因为给其带来的效用更大。

所以，边际效用递增还是递减其实与数字经济没多大关系，与传统产品和数字产品也没多大关系，关键是看消费者消费的产品是在质量性能上同质还是更优，是为满足有限的物质与生理需求还是满足无限的精神或社会需求，是知识与技术含量较低的简单产品还是知识与技术含量更高的复杂产品。

（2）传统经济学的边际成本递增与数字经济学的边际成本递减。在经济学中，无论是传统经济学的边际成本递增原则还是数字经济学中的边际成本递减现象，均从供给侧角度探讨厂商如何安排生产以实现利润最大化。尽管两者均与成本和产出的关系相关，但它们在成本结构和行为模式上存在明显差异。

在传统经济学框架内，边际成本递增规律指出，在仅有两种生产要素的情况下，当一种要素的投入量固定，而增加另一种要素的投入量时，若两种要素尚未达到最优组合，边际产出可能会递增。然而，一旦超过这一最优组合点，继续增加该要素的投入会导致边际产出递减。在实际生产中，厂商往往处于边际收益递减阶段，因此边际成本随之递增。

而在数字经济学中，边际成本递减的现象尤为显著。数字经济中的成本主要分为两部分：一是数字基础设施的建设成本，二是数据传输成本，这两者通常与用户数量无关，不直接受边际成本影响。然而，数据的收集、处理、加工和提取的成本会随着使用人数的增加和数据量的扩大而增长，尽管总成本可能上升，但边际成本实际上呈现递减趋势。随着产品产量的增加，数字经济中的平均成本和边际成本往往会随之下降。特别是对于软件、芯片等数字产品，初始生产成本可能较高，但随后可以以接近零的边际成本进行无限复制。

（3）传统经济下的按劳分配与数字经济下按知识和信息分配。不同于农业经济与工业经济时代的繁荣直接取决于土地、资本、劳动力和企业家才能这四大生产要素的数量与质量，在数字经济时代，富含更多信息和知识的数据成为关键的生产要素，这些数据成为数字经济直接的内驱动力。更轻资产，更重信息和知识的一些高科技公司之所以能在短短几年内创造财富神话，可能更多的功劳应归于软盘和软盘中储存的知识与信息，随着知识和信息的价值在社会生产过程中越来越得到充分的发挥，附加值将越来越多地向知识、智力密集型产业转移，国民收入及社会财富的分配也将更多地以知识和信息的含量为标准，传统经济下的按劳分配，取得的职务工资等要素报酬将更多转变为数字经济下按数据分配的知识拥有者的报酬与数字技能工资，知识就是财富，数据为王在数字经济时代将得到最完整的证明。

（4）传统经济中的正反馈与数字经济中的正反馈。传统经济中的正反馈来自供应方或生产商的规模经济，既指大公司与小企业相比规模更大，进而成本更低，更易达到规模经济，也指原有企业因新加入企业的增加形成企业集聚而导致的效益提高，使整体的供应效率提升。传统经济不同产业在早期都会经过正反馈，但在达到规模经济以后，负反馈就会起主导作用。

在数字经济下的正反馈更多来自需求方的规模经济，而不仅仅是供应方。其具体是指消费者的效用会随着消费该产品的消费者数量增加而增大。例如，微信、今日头条等使用者认为其有价值是因为其被广泛使用，随着使用的人越来越多，既增加了不同的人群交流范围，也方便了来自四面八方的形形色色资讯的获得。

传统经济理论认为，各式各类企业只有达到一定的规模上限，才能实现规模经济，加深资源配置的优化程度，从而降低生产成本，提高生产效率。然而，数字经济条件下开始涌现出一些新型企业甚至是个人，这些企业和个人核心竞争力是利用拥有的技术与数据，实现持续不断的快速创新，虽然规模较小，但其创新能力和竞争能力却优于同行业中的大企业，且常出现"以小博大"的局面。因此，在数字经济时代，由于要素的变化，之前所说的劳动力、资本规模扩大表现出的规模经济越来越被拥有更多知识和信息表现出的规模经济取代。而且在数字经济下的正反馈，供求双方有相互促进的作用，不管是供给还是需求增加，都会使另一方增加，形成供求双方相互促进的态势。

（5）传统经济下的市场均衡与数字经济下的反均衡。

第一，数字经济的外部性。数字经济中的网络效应是指商品的价值取决于用户的规模，消费者从使用某一商品中得到的效用依赖于其他用户的数量，当某一消费者因其他使用者的增加导致其消费某一商品的效用增加而又不需要支付额外的报酬或补偿时，就存在正的外部性。

在网络外部性作用下，市场的效率可能遭到破坏，主要分为两种情况：①与传统经济一样，实际产出小于有效产出。当存在正外部性时，因其他使用者增多，消费者就消费某一商品得到的效用增加，因此他们愿意为之支付更高的价格，但生产者没能要求消费者因他们所得到的外部性收益而支付报酬，此时商品的价格低于消费者愿意支付的价格，出现生产者的供给小于消费者的需求，进而导致实际产出低于有效产出，没能达到市场均衡，破坏了市场效率。②与传统经济区分，次优技术占据市场。在数字经济下，一旦由于某个因素使行业内某个厂商出现了外部性，使用其产品的消费者就会不断增加，这时哪怕有更优的同类产品出现，由于消费者使用的路径依赖、锁定效应及转换成本，其也不可能在现在使用的次优产品与新出现的最优产品之间进行转换，从而导致次优产品与技术主导整个市场，这就扭曲了传统经济下的市场竞争机制，使市场失灵，降低市场效率，对传统经济学的一般均衡理论提出挑战。

数字经济在网络外部性与正反馈的作用下，市场变得不稳定，这种次优产品或技术占据整个市场的局面不一定能一直保持。虽然数字技术下实物流、资金流、数据流的方便快捷传递进一步促进了外部性和正反馈的形成，但同时新的标准、新的产品、新的技术也可能会更容易被传播与接受，这样就会减少消费者的路径依赖、锁定效应与转换成本，进而使原来产品的外部性大为降低，打破原来的均衡状态。正是因为数字经济下均衡状态失去唯一性，才加剧了市场的不稳定性。

第二，传统经济下的负反馈与数字经济下的正反馈。在传统经济体系中，市场供求关系通过价格机制实现自我调节。随着产品供应的增加，尤其是当市场出现供过于求的情况时，产品价格下降，刺激消费者需求上升，厂商因此减少产量。这一过程持续进行，直至市场上供不应求，产品价格上升，厂商增加产量，消费者需求相应减少，最终达到供求平衡，形成传统经济下的价格调节机制。

然而，在数字经济环境下，市场供求均衡机制的运作方式发生了显著变化。

数字经济中存在显著的正反馈效应，这种效应主要源自需求方。由于数字经济的外部性特征，如电商平台等数字平台随着市场占有率的增加，用户对其竞争力的信心增强，进一步推动市场占有率的增长。相反，用户较少的数字平台会面临用户流失，形成强者愈强、弱者愈弱的马太效应，可能导致市场垄断。在这种情况下，数字经济下的市场供求关系不再通过价格机制实现均衡，甚至可能出现与均衡相反的情况。

在数字经济中，只要市场上的产量超过某一临界点，厂商规模越大，用户基数越广，供应的产品越多，边际成本越低，竞争力越强。消费者对这些产品的需求越大，愿意支付的价格越高，厂商因此增加产量，获得超额利润，实现快速增长。这导致厂商的边际成本与消费者愿意支付的价格之间出现背离，供给曲线和需求曲线可能不会相交，市场难以找到合适的均衡点。

相反，如果市场上的产量低于临界点，厂商规模较小，产品边际成本较高，消费者对竞争力不足的商品不愿意支付高价格，导致需求减少，厂商减少产量，规模进一步缩小，边际成本持续上升，消费者愿意支付的价格降低，导致厂商亏损直至退出市场。这种情况下，一旦偏离均衡点，供求曲线难以相交，市场供求均衡难以实现。

（二）对微观经济理论的影响

在数字经济浪潮的推动下，微观经济理论正经历着深刻的变革与重塑，这一进程不仅重新定义了市场参与者的角色与行为模式，还对传统经济分析框架提出了挑战，并催生了新的管理理论与管理实践。

第一，数字经济显著改变了消费者的角色定位，从被动的接受者转变为积极的参与者乃至"产消者"。消费者借助数字技术平台，能够深度介入产品的全生命周期，从研发设计到生产反馈，实现了个性化需求的即时满足与持续优化，这一转变迫使消费者行为理论必须纳入更为复杂的互动机制与决策模型。

第二，数字产品的定价策略在数字经济环境下展现出前所未有的灵活性与创新性。面对高固定成本、低边际成本的生产特性，以及消费者偏好的高度异质性与网络外部性，数字产品定价不再拘泥于传统的边际成本定价法，而是需综合考虑研发风险、产品生命周期、市场细分、消费者心理预期等多重因素，实施差异化、动态化的定价策略，以最大化市场价值与利润空间。

第三，数字经济对边际分析与均衡理论的适用性构成了挑战。传统经济中的边际分析与均衡理论，在数字经济背景下因需求方与供给方规模经济的叠加效应而显得力不从心。随着用户规模的扩大，数字产品的协同价值激增，边际成本趋近于零，导致均衡点不再唯一，传统的边际收益等于边际成本原则难以直接应用。因此，理论界开始探索新兴古典经济学的超边际分析方法，以应对数字经济下复杂多变的市场均衡状态。

第四，数字技术的广泛应用极大地降低了交易成本，提升了市场效率。信息流的即时传递、实物流的时空障碍破除以及资金流的便捷流通，共同构建了低摩擦、高效率的数字经济市场体系，促进了全球范围内的资源优化配置与自由贸易。

第五，数字经济对企业管理理论产生了深远影响，推动企业向更加开放、灵活、智能的管理模式转型。企业间的合作竞争成为新常态，扁平化的网络组织结构促进了信息的快速流通与决策的高效执行，而基于大数据的精准营销则颠覆了传统的分销体系，实现了产品与消费者之间的直接链接。这些变革不仅重塑了企业的管理职能与流程，也为企业持续创新与竞争优势的构建提供了新的路径。

（三）对中观产业组织理论的革新与挑战

1. 服务业生产效率的提升

传统服务业，如教育医疗、餐饮娱乐等服务过程要求服务创造和消费同时同地，服务既不可跨时间储存，也不可远距离跨区域交易，不仅受时空限制较大，也不能借助更高效率的先进设备，还不容易达到规模经济，所以服务业的劳动生产率远低于制造业生产效率，并长期保持在一个较低的水平。但数字经济下数字技术不仅改变了服务的提供方式，甚至服务的性质也随之发生改变。传统经济下将看电影、听音乐会这些"乐"文化消费视为中高收入者的奢侈行为，但数字经济下，特别是随着短视频的兴起，中低收入消费者也可以用极低成本获得大量的娱乐消费，如就有网友评论自从有了短视频评论，就可以很方便地表达自己的看法。娱乐提供方也形成了以大规模"点击率"为基础，赚取更多打赏甚至广告费的商业模式，为服务供给者提供了充足的激励。数字经济下，文字、语音信息、视频节目等丰富多样的娱乐方式促使了大量的需求迸发，关键这些各式各样的娱乐产品创新可以以极低的成本被复制无数次，效益递增几乎没有边界，规模经济效应极为显著，生产率也显著提高。通过采用数字技术手段，其他的传统服务，如医疗与教育等以往必须在现场以面对面方式、低生产率提供的服务变为在线视频会议、远程教育与医疗等可以大规模、跨时间、远距离甚至跨国提供的高效率服务，甚至任何制造业产品都无法与之相比。

2. 传统垄断原则不再适用于数字经济

在传统经济体系中，市场垄断通常由先进入者通过规模经济实现，从而对潜在进入者构成壁垒。然而，数字经济下的垄断现象具有更为复杂的特征和影响范围。

自20世纪90年代以来，互联网和大数据中心等数字基础设施产业的快速发展，为数字经济下的竞争行为和盈利模式提供了新的研究视角。与传统物理基础设施相比，数字基础设施的开放性使得依托其上的数字经济体或网络平台能够随着规模的扩大和用户数量的增加而不断增值。这种增值效应导致用户规模的扩大，进而降低成本，增加平台收益，最终形成显著的规模经济优势。

在数字经济中，先进入市场的平台能够利用先发优势，不断拓展用户规模，市场占有率随之增加。由于一次性固定成本和数字产品的路径依赖与锁定效应，新进入者面临较大的获客成本，而先进入者的边际成本几乎为零，这使得新进入者难以进入同一市场。这种市场结构倾向于形成寡头垄断，甚至出现赢者通吃的局面。

数字经济下的垄断力量更为强大，市场往往由一家或少数几家企业主宰。这种垄断现象与传统经济下的垄断不同，它表现为竞争与垄断并存的特性。例如，消费者可以在多个不同的数字平台进行跨境消费，也可以通过不同的搜索引擎获取信息。尽管短期内可能出现胜者垄断的局面，但在长期内，由于高利润的吸引，市场存在更大的竞争潜力，这种竞争潜力主要体现在两个方面：一是已占据市场主导地位的企业会不断进行技术升级，以保持其竞争优势；二是潜在的进入者会积极投入技术创新,试图打破现有垄断格局,进入市场并分一杯羹。

二、传统理论解释数字经济的适用性

(一)信息经济学理论

信息经济学是研究信息活动中经济现象及其规律的学科。在数字经济时代,信息成为关键的生产要素,信息经济学理论也因此显得尤为重要。

1. 信息的价值和成本

在数字经济中,信息的价值得到了前所未有的凸显。信息的价值主要体现在其能够减少不确定性,帮助决策者做出更为明智的选择。例如,在金融市场中,准确的市场信息可以帮助投资者判断市场走势,从而做出更有利的投资决策。此外,信息还具有时效性,即信息的价值会随着时间的推移而逐渐降低。

然而,信息的获取和处理并非没有成本。信息的成本包括获取成本、处理成本和传递成本等。获取成本主要是指收集、整理和筛选信息所需的费用;处理成本则涉及对信息的分析、解释和评估;而传递成本则是将信息从信息源传递到信息需求者所产生的费用。这些成本的存在,使得信息的获取和利用变得更为复杂。

2. 信息不对称和市场效率

信息不对称是指在市场交易中,各方所拥有的信息在数量和质量上存在差异。这种信息不对称可能会导致市场失灵,即市场价格无法反映真实的供需关系。例如,在二手车市场中,卖家通常比买家更了解自己车辆的状况,这种信息不对称可能导致买家出价过低或卖家要价过高,从而影响市场的正常运作。

信息经济学理论认为,减少信息不对称是提高市场效率的关键。一方面,政府可以通过制定相关法律法规,要求信息披露的透明度和真实性;另一方面,市场参与者也可以通过各种手段来获取更多的信息,以降低信息不对称的程度。这些措施都有助于提高市场的运作效率。

3. 信息作为生产要素的核心地位

在数字经济时代,信息已经超越了传统的土地、劳动和资本等生产要素,成为推动经济增长的重要力量。信息作为生产要素的角色主要体现在：首先，信息是创新和创意的源泉，是推动科技进步和产业升级的关键；其次，信息可以提高生产效率和管理效率，降低生产成本；最后，信息还可以促进市场的拓展和交易的便捷化。

信息经济学理论强调了信息在数字经济发展中的核心地位。随着信息技术的不断进步和应用领域的不断拓展，信息将会在未来经济发展中发挥更加重要的作用。因此，深入探讨信息经济学理论对于指导和推动数字经济的健康发展具有重要意义。

（二）网络经济学理论

网络经济学，作为数字经济发展的重要理论基础之一，主要研究网络环境中的经济现象和规律。在数字经济时代，网络经济学理论对于解释和指导网络市场的运作具有重要意义。下面将从网络效应与规模效应、平台经济的崛起与特点，以及网络外部性与市场竞争三个方面对网络经济学理论进行详细阐述。

1. 网络效应和规模效应

网络效应是指在一个网络中，随着用户数量的增加，网络的价值也随之增加的现象。简单来说，就是网络中的用户越多，每个用户从网络中获得的效用就越大。这种效应在社交媒体、即时通信软件等网络应用中表现得尤为明显。例如，微信作为一款社交软件，其用户数量的增加使得每个用户能够联系到更多的人，从而提高了微信的使用价值。

规模效应则是指随着生产规模的扩大，单位产品的成本逐渐降低，从而实现更高的经济效益。在网络经济中，规模效应主要体现在大型网络平台或服务提供商上。这些平台通过吸引大量用户，实现规模扩张，进而降低运营成本，提高盈利能力。例如，云计算服务提供商可以通过扩大服务器规模来降低每台服务器的运营成本，从而为客户提供更便宜、更高效的服务。

2. 平台经济的崛起和特点

平台经济是网络经济学中的一个重要概念。随着互联网技术的快速发展，越来越多的经济活动开始转移到线上进行，平台经济因此应运而生。平台经济主要是指以互联网平台为基础，通过聚集各类资源和用户，实现价值的创造和交换的经济模式。

平台经济的特点主要体现在：首先，平台经济具有双边市场特性，即平台连接着两类或多类用户群体，并通过促进这些用户群体之间的互动来实现价值创造；其次，平台经济具有网络效应，即平台上的用户数量越多，平台的吸引力就越大，从而进一步吸引更多的用户加入；最后，平台经济还具有创新性，即平台需要不断创新以满足用户不断变化的需求。

在数字经济时代，平台经济的崛起对于推动经济增长和转型升级具有重要意义。一方面，平台经济可以降低交易成本，提高市场效率；另一方面，平台经济还可以促进创新创业和就业增长。

3. 网络外部性和市场竞争

网络外部性是指一个用户的消费行为会影响到其他用户的效用。在网络经济中，网络外部性主要表现为正外部性和负外部性两种形式。正外部性是指一个用户的加入会增加其他用户的效用，例如在线游戏平台中的玩家数量增加会提高游戏的趣味性和互动性；而负外部性则是指一个用户的加入会降低其他用户的效用，例如网络拥堵或信息安全问题可能给其他用户带来不便或损失。

在市场竞争方面，网络经济学理论强调了网络市场中的竞争特点。由于网络市场的特殊性质，如网络效应、规模效应等，使得市场竞争变得更加复杂和激烈。一方面，大型网络平台通过利用自身规模和资源优势来巩固市场地位；另一方面，新兴平台则通过创新和差异化策略来寻求市场突破口。

此外，网络经济学还关注市场竞争中的合作与共赢。在数字经济时代，许多企业开始意识到合作的重要性，通过跨界合作、共享资源等方式来实现共同发展。这种合作模式不仅可以提高企业的竞争力，还有助于推动整个行业的进步和创新。

（三）创新经济学理论

创新经济学理论是研究创新活动在经济体系中的作用和影响的一门学科。在数字经济时代，创新经济学的重要性愈发凸显，因为数字经济本身就是技术驱动的经济形态,创新是其发展的核心动力。下面将从数字经济中的创新与技术进步、创新驱动的增长模型,以及数字经济中的知识产权与激励机制三个方面,对创新经济学理论进行深入探讨。

1. 数字经济中的创新和技术进步

数字经济时代的创新与技术进步是相辅相成的。数字技术,如大数据、云计算、人工智能等的快速发展,为创新提供了前所未有的可能。这些技术的进步不仅改变了传统行业格局,也为创新活动提供了更多的工具和手段。

在数字经济中,创新不再局限于传统的产品研发或服务模式改进,而是渗透到产业链的各个环节,包括供应链管理、市场营销、客户服务等。例如,通过大数据分析,企业可以更精准地洞察消费者需求,从而开发出更符合市场需求的产品和服务。同时,云计算和人工智能技术的应用也使得企业能够更高效地进行资源配置和生产管理,提升整体运营效率。

此外,数字经济中的创新还体现在商业模式的变革上。随着数字技术的普及,共享经济、平台经济等新型商业模式应运而生,这些模式打破了传统经济的限制,为消费者提供了更多选择和便利。

2. 创新驱动的增长范式

步入数字经济的新纪元,创新驱动的增长范式已然成为经济发展的主导力量。这一范式深刻揭示了创新在塑造经济增长路径中的核心引领角色,视创新为经济持续繁荣与飞跃的源泉。该增长范式构建于四大支柱之上:深厚的研发投入、丰富的人力资本积累、灵活的制度创新以及敏锐的市场需求响应。研发投入不仅是创新大厦的基石,它滋养着新技术与新产品的萌芽,使企业在激烈的市场竞争中脱颖而出。而人力资本,作为知识与创意的载体,其质量与数量的双重提升,直接决定了创新的高度与广度。制度创新则为创新活动铺设了宽广的道路,通过优化政策环境、强化知识产权保护,为创新者保驾护航。最后,市场需求如同创新的灯塔,指引着创新的方向,确保创新成果能够精准对接社会经济发展的实际需求。

在数字经济背景下,这一增长范式的价值愈发凸显。数字技术的日新月异,不仅为创新提供了前所未有的工具与平台,也加剧了市场环境的复杂性与多变性。企业唯有坚持创新驱动，不断加大研发投入，构建高素质的创新团队，方能在这股浪潮中站稳脚跟，引领潮流。同时，政府作为推动者，应持续优化创新生态，出台更多鼓励创新的政策措施，为企业在数字经济时代的创新发展提供坚实的支撑。

3. 数字经济中的知识产权和激励机制

知识产权在数字经济中具有极其重要的地位。数字技术的创新成果往往以知识产权的形式呈现，如专利、商标、著作权等。这些知识产权不仅是企业的重要资产，也是推动数字经济持续发展的关键要素。

在数字经济中，知识产权的保护和激励机制尤为重要。首先，完善的知识产权保护制度可以激发企业和个人的创新热情，推动更多有价值的创新成果产生。其次，通过合理的知识产权激励机制，如专利奖励、技术转让等，可以促进创新成果的转化和应用，推动数字经济的快速发展。

然而，数字经济中的知识产权保护也面临诸多挑战。数字技术的快速发展使得知识产权的侵权行为更加隐蔽和难以追踪。因此，政府和企业需要加强合作，共同打击侵权行为，维护良好的知识产权保护环境。同时，企业也需要加强自身知识产权管理能力，提高知识产权保护意识。

（四）数据经济学理论

数据经济学是一个新兴的学科领域，主要研究数据作为一种资产在经济活动中的作用和影响。随着数字化、网络化的深入发展，数据已经渗透到经济生活的方方面面，成为推动经济社会发展的重要力量。数据经济学理论不仅关注数据的产生、流通和应用，还涉及数据的价值评估、交易市场、经济属性以及数据隐私和权益保护等方面。

1. 数据的价值评估和交易市场

在数据经济学中，数据的价值评估是一个核心议题。数据的价值不仅体现在其所包含的信息量上，还与其准确性、时效性、稀缺性以及应用场景紧密相关。例如，在金融领域，实时的股市交易数据对于高频交易策略至关重要，因此具有较高的价值；而在市场营销中，消费者行为数据对于精准营销同样具有不可替代的作用。

随着数据交易市场的兴起，数据交易市场需要建立公平、透明、高效的交易规则，以确保数据的合规流通和最大化利用。这包括确定数据的所有权、使用权、经营权等，以及建立数据的质量评价标准和数据交易的定价机制。

2. 数据资源的经济特性与潜力

数据作为一种新型资源，具有独特的经济属性。首先，数据具有非排他性和非竞争性，即多人可以同时使用同一份数据而不会互相干扰，这使得数据具有广泛的共享性和可复用性。其次，数据的价值往往随着时间和应用场景的变化而变化，这要求我们在评估数据价值时需要考虑其动态性。

此外，数据的产生和使用往往伴随着边际成本递减的特点。随着技术的进步，数据的收集、存储和处理的成本不断降低，而数据的潜在价值却可能随着数据量的增加而增加。这种成本结构使得数据成为一种具有巨大潜力的经济资源。

3. 数据隐私和权益保护

在数据经济学中，数据隐私和权益保护是一个不可忽视的问题。随着大数据和人工智能技术的广泛应用，个人隐私泄露的风险也在不断增加。

一方面，政府和企业需要建立严格的数据保护制度和技术手段来确保个人隐私的安全。这包括加强数据加密、匿名化等技术的研发和应用，以及完善数据跨境流动的监管机制。

另一方面，个人也需要提高自身的数据保护意识，合理选择分享和使用个人数据。同时，政府和社会各界也需要共同努力，营造一个尊重个人隐私、保护数据安全的社会环境。

（五）数字经济地理学

在数字经济的浪潮下，数据与信息成为推动经济社会发展的新动力。数字经济地理学不仅关注数字技术在地理空间的应用，还探讨数字产业的空间集聚、数字鸿沟、地理不平等以及对地方发展的影响。

1. 数字产业集聚与地理分布

数字产业集聚是指在特定地理区域内，数字产业相关企业、机构和服务的高度集中现象。这种集聚现象通常出现在科技发达、人才聚集、创新资源丰富的大城市或高新技术园区。例如，硅谷就是全球知名的数字产业集聚地，汇聚了大量互联网、软件开发、数据分析等高新技术企业。

数字产业的地理空间分布受多种因素影响，包括政策导向、资源禀赋、市场需求、交通通信基础设施等。一些地区凭借优越的地理位置、完善的基础设施和丰富的人才资源，吸引了大量数字产业相关企业入驻，从而形成了数字产业集聚区。这些集聚区不仅提升了当地的经济发展水平，还促进了技术创新和产业升级。

2. 数字鸿沟和地理不平等

尽管数字经济在全球范围内蓬勃发展，但数字鸿沟问题却日益凸显。数字鸿沟是指不同地区、不同群体在获取、利用数字技术和信息资源方面的差距。这种差距在地理空间上表现为城乡之间、发达地区与欠发达地区之间的不平衡。

数字鸿沟的产生与地理不平等密切相关。一些地区由于地理位置偏远、经济基础薄弱、教育资源匮乏等原因，导致数字技术的普及和应用受到限制。这种地理不平等不仅加剧了数字鸿沟，还阻碍了数字经济的均衡发展。

为了缩小数字鸿沟，政府和社会各界需要共同努力。一方面，政府应加大对欠发达地区的数字基础设施建设投入，提高数字技术的普及率；另一方面，社会各界也应积极参与数字技术的推广和培训，提升公众的数字素养。

3. 数字经济对地方发展的全面塑造与挑战

（1）数字经济的发展推动了地方产业结构的升级和转型。随着数字技术的广泛应用，传统产业逐渐向数字化、智能化方向发展，提高了生产效率和产品质量。同时，数字经济也催生了一批新兴产业，如电子商务、大数据、云计算等，为地方经济发展注入了新的活力。

（2）数字经济促进了地方就业市场的繁荣。数字产业的发展为就业市场提供了大量岗位，包括技术研发、数据分析、网络营销等。这些岗位不仅薪资待遇优厚，还具有较高的职业发展前景，吸引了大量人才涌入。

（3）数字经济还推动了地方政府的治理现代化。通过运用数字技术，政府可以实现更加高效、便捷、透明的公共服务，提高政府治理效能和公众满意度。同时，数字经济也为政府决策提供了更加科学、准确的数据支持，有助于实现精准施策和有效治理。

（4）数字经济对地方发展的影响也存在一定的挑战和风险。例如，数字技术的快速发展可能导致部分传统产业的衰退和失业问题的加剧；同时，数字安全问题也日益严峻，需要政府和企业共同加强防范和应对。

第四节　数字基础设施与技术基础

一、数字基础设施

数字基础设施（DI）是以数据创新为驱动、通信网络为基础、数据算力设施为核心的基础设施体系。它主要涉及一系列新一代信息通信技术以及基于这些技术形成的各类数字平台，服务人们工作、生活的方方面面。

（一）互联网

1. 从桌面互联网到移动互联网的跨越式发展

（1）互联网的崛起与普及。自20世纪60年代后期，互联网以ARPANET为起点，逐步从军用领域扩展到大型企业，最终渗透至普通家庭。其发展历程经历了从军用需求驱动、政府资助推动到商业运营广泛应用的阶段。随着TCP/IP协议的确立和NSFNET等骨干网络的建设，互联网逐渐形成了统一的标准和架构，为全球范围内的互联互通奠定了基础。进入21世纪，互联网已成为人们日常生活中不可或缺的一部分，无论是社交、娱乐、购物还是工作学习，都深深依赖于这一庞大的网络体系。

（2）移动电话系统的演进与移动互联网的兴起。随着无线通信技术的飞速发展，移动电话从最初的模拟语音通信，逐步演进到支持数字语音与高速数据通信的第三代系统。这一过程中，不仅实现了语音通信的移动性，更激发了人们对互联网数据通信移动化的强烈需求。在此背景下，无线移动互联网技术应运而生，它融合了移动通信与互联网技术的优势，实现了随时随地访问互联网资源的目标。

（3）移动互联网的崛起与影响。自2007年iPhone的问世，移动互联网迎来了爆发式增长。其便捷性、即时性和个性化特征，极大地改变了人们的上网习惯，推动了互联网产业的深刻变革。移动互联网不仅颠覆了传统互联网的商业模式，还催生了共享经济、O2O等新兴业态，为经济增长注入了新的活力。根据市场数据显示，全球范围内移动互联网的使用量已全面超越桌面互联网，成为互联网产业发展的主要基础设施。

2. 移动通信技术：从2G到5G的升级

中国在移动通信技术的征途中，虽为后来者，却凭借不懈地探索与努力，实现了从跟跑到并跑乃至领跑的华丽转身。自2G时代起，中国便踏上了移动通信技术的升级之旅，每一步都凝聚着自主创新的力量，逐步在国际舞台上占据了一席之地。

从模拟调制向数字调制的跨越，标志着中国正式迈入2G通信时代。这一时期，移动通信不仅实现了高度的保密性和系统容量的显著提升，更开启了手机上网的新纪元。随后，3G技术的引入，更是在传输速度上实现了质的飞跃，为多媒体内容的流畅传输和全球无线漫游提供了可能。尤为重要的是，中国移动主导的TD-SCDMA标准的成功，不仅是中国在全球移动通信领域首次发声，更为后续的技术演进奠定了坚实基础。

进入4G时代，中国企业在移动通信领域的竞争力显著提升。以华为为代表的企业，凭借深厚的技术积累和强大的研发实力，不仅在价格和服务上占据优势，更在全球通信市场上占据了领先地位。4G技术的高速数据传输能力，极大地丰富了人们的网络体验，也为移动互联网的繁荣发展提供了有力支撑。

而今，中国已站在了5G技术的最前沿。5G技术以其超高的带宽、可靠性和低时延特性，不仅满足了消费者对高品质网络体验的需求，更为物联网、自动驾驶、智能制造等垂直行业的应用提供了无限可能。中国在5G标准研发上的领先地位，不仅体现在技术标准的制定上，更在于其强大的产业生态和广泛的应用场景。从智慧城市到环境监测，从智能农业到车联网，5G技术正深刻改变着各行各业的发展格局。

尤为值得一提的是，中国在 5G 基站建设和商业化应用方面取得了显著成效。数以万计的 5G 基站遍布全国，为 5G 技术的广泛应用提供了坚实的基础设施支持。随着 5G 商业化的全面启动，中国将进一步推动科技产业创新升级，为全球移动通信技术的发展贡献更多中国智慧和力量。

3. 千兆宽带的时代：数字经济的新引擎

随着数字经济的蓬勃发展，宽带网络作为支撑经济社会发展的关键基础设施，其重要性日益凸显。近年来，中国在宽带网络建设上取得了举世瞩目的成就，光纤宽带接入（FTTH）网络已覆盖全国，高速宽带用户占比持续攀升，为千兆宽带时代的到来奠定了坚实基础。

（1）千兆宽带成为全球宽带发展的新焦点。随着高清视频、智慧家庭、CloudVR 等高带宽业务的兴起，千兆宽带已成为全球宽带发展的必然趋势。据统计，全球已有众多国家和运营商发布了千兆宽带建设计划，致力于推动经济社会数字化转型。在中国，千兆宽带的发展更是得到了国家政策的全力支持，从城市千兆宽带入户示范到光纤到户接入端口占比的提升，再到千兆宽带接入网络的广泛部署，一系列政策举措为千兆宽带的发展铺平了道路。

（2）政策引领与产业驱动。国家政策是推动千兆宽带发展的重要力量。从政府工作报告的明确指示，到国务院常务会议的具体部署，再到工信部和国资委联合印发的专项行动通知，一系列政策文件为千兆宽带的发展提供了明确的目标和路径。同时，高宽带业务的加速成熟也为千兆宽带的商用进程注入了强劲动力。以 4K/8K/AR/VR 为代表的视频内容业务进入井喷期，CloudVR 等下一代 IPTV 技术的成熟应用，不断驱动着千兆宽带在我国的商用步伐。

（3）技术成熟与商业应用。技术产业的成熟为千兆宽带的广泛应用提供了可能。从铜线接入技术的语音时代到以 10GPON 光纤接入技术为基础的千兆接入时代，我国固定通信领域经历了翻天覆地的变化。10GPON 千兆宽带网络在带宽、用户体验和连接容量上的飞跃式发展，将推动光纤网络突破传统边界，连接万物，以前所未有的方式推动社会运行。在智能社会即将到来的背景下，千兆宽带网络在商业应用上展现出巨大潜力，从 CloudVR、智慧家庭到智能制造、远程医疗等多个领域，都将迎来前所未有的发展机遇。

（二）物联网

1. 物联网的定义

物联网（IoT），顾名思义，指的是物与物相连的网络。这一概念包含两个层面：首先，物联网的核心和基础是互联网，它是互联网的延伸和扩展；其次，物联网将用户端扩展至物品间的信息交换和通信。因此，物联网利用信息传感器、射频识别技术、全球定位系统、红外感应器、激光扫描器等设备和技术，实时采集监控、连接、互动所需的物体或过程中的各种信息，如声音、光线、温度、电量、力学、化学、生物特征和位置等。通过各种网络接入方式，物联网实现了物品间的泛在连接，以及对物品和过程的智能化感知、识别和管理。物联网作为一个信息承载体，基于互联网和传统电信网络，使所有能够独立寻址的物理对象形成互联互通的网络。

物联网的发展，实现了物品间的连接，它在互联网的基础上增加了大量设备节点。这些设备，尽管没有生命，却能精确地传输感测数据，执行各项指令。物联网将物理世界的信息数字化，并将其融入虚拟世界，同时将虚拟世界的指令转化为物理世界中的实际动作，使得共享单车、无人驾驶、扫码零售等创新应用成为可能。物联网标志着从人与人的连接，到人与物，再到物与物的互联，开启了万物互联的新时代。

实现万物互联，需要多种信息技术的集成与协同。物联网与互联网、人工智能、大数据、云计算、移动互联等新兴技术紧密相关，相互支持，相互促进。物联网不是孤立的技术环节，而是数字经济发展中的重要组成部分。

2. 物联网的起源及发展

物联网作为信息技术领域的重要分支，其起源可追溯至21世纪初，根植于对物理世界与数字世界深度融合的愿景之中。这一概念的萌芽，标志着信息技术不再局限于人与人之间的信息交换，而是向物与物、物与人之间的全面互联迈出了关键一步。随着传感器技术、无线通信技术以及网络技术的飞速发展，物联网逐渐从理论构想转化为现实应用，开启了万物互联的新纪元。

在发展历程上，物联网经历了从技术探索到广泛应用的深刻变革。初期，物联网主要聚焦于 RFID 技术的研发与应用，通过标签与读写器的交互，实现了对物品的自动识别与追踪，为物流、零售等行业带来了效率上的显著提升。随后，随着网络技术的不断成熟，特别是互联网协议的扩展与普及，物联网开始构建起更加广泛、复杂的网络体系，使得各类设备能够无缝接入，实现数据的实时采集、传输与处理。

如今，物联网技术不再局限于单一领域的应用，而是向智能制造、智慧城市、智慧农业等多个领域全面渗透。同时，随着云计算、大数据、人工智能等技术的深度融合，物联网系统具备了更强的数据处理能力和智能决策能力，能够为用户提供更加个性化、精准化的服务。

当前，物联网正处于快速发展与持续创新的阶段。随着 5G、LPWAN（低功耗广域网）等新型通信技术的商用部署，物联网的连接能力得到了进一步提升，为海量设备的接入提供了更加稳定、高效的网络支持。此外，边缘计算、区块链等新兴技术的引入，也为物联网的安全性、可靠性以及数据隐私保护提供了有力保障。

展望未来，物联网将继续作为推动社会数字化转型的重要力量，引领信息技术产业的创新发展。随着技术的不断进步和应用场景的不断拓展，物联网将深刻改变人类的生产生活方式，促进经济社会的可持续发展。同时，物联网也将与其他前沿技术深度融合，共同构建更加智能、高效、绿色的未来世界。

3. 物联网的技术原理解析

物联网，作为计算机互联网技术的自然延伸与深刻拓展，其技术原理根植于一系列先进信息技术的融合与创新。这一网络体系犹如一张错综复杂的蜘蛛网，不仅覆盖了地球的每一个角落，更将万物互联的梦想变为现实。其核心在于利用全球定位、高精度传感器、射频识别（RFID）以及高效无线数据通信等前沿技术，构建出一个前所未有的、跨越物理与数字世界的巨型网络。

物联网的精髓在于其自主交互的能力，即物体之间无须人工干预便能实现信息的自由流通与共享。这一过程的实现，离不开射频自动识别技术的核心作用。该技术赋予了物品"发声"的能力，它们能够借助无线数据通信网络，将存储在内置标签中的关键信息自动传输至中央信息系统，从而实现身份的快速识别与信息的无缝对接。这一过程不仅极大地提升了数据采集的效率与准确性，更为后续的信息处理、分析乃至决策支持奠定了坚实的基础。

物联网的兴起，更是对传统思维模式的一次颠覆性挑战。它打破了物理基础设施与信息技术基础设施之间的界限，将两者紧密融合为一个统一的整体。在这一全新的架构下，任何物品都有可能被赋予智能芯片，并与宽带网络无缝连接，共同构成了一个全新的、动态变化的基础设施网络。这一变化不仅改变了我们对世界的认知方式，更为未来的社会经济发展提供了无限可能。

（三）大数据中心

在移动互联网蓬勃发展的当下，数据流量的迅猛增长已成为不可逆转的趋势，大数据中心作为数据存储、高效处理与广泛交互的关键枢纽，其战略地位日益凸显，被视为支撑数字经济的新型基础设施核心要素。近年来，我国移动互联网用户月均流量实现跨越式增长，企业数据同样迎来爆炸性累积，然而，数据的有效存储与分析利用率却显著滞后，仅少数企业数据被妥善保存，且用于分析的比例更低，这直接映射出我国数据存储与利用能力的巨大提升空间。

全球范围内，互联网数据中心（IDC）的分布格局亦反映出我国在这一领域的巨大发展潜力，尽管我国互联网用户规模远超美国，但IDC机柜占有率却不足全球的四分之一，这一反差不仅揭示了市场需求与供给之间的显著不匹配，也预示着大数据中心建设在我国拥有广阔的发展蓝海。

大数据中心的建设涉及复杂而精细的产业链构建，涵盖硬件基础设施如服务器、网络设备、光模块及电源系统，同时软件、网络架构、机房设施亦不可或缺。尤为关键的是，IDC产业链的深化发展还需依赖于高效的集成运维能力、云服务商的广泛参与以及定制化解决方案的提供，这些共同构成了推动大数据中心高质量发展的核心驱动力。

在此背景下，我国已构建起以北京、贵州、乌兰察布为中心的国家级大数据中心布局，并依托北京、上海、广州等八大核心城市节点构建起高效互联的网络架构，采用不完全网状结构设计以增强信息交换的灵活性与效率。这一战略布局不仅强化了与国际互联网的连接能力，也为国内各大区域之间的数据流通与信息共享搭建了坚实的桥梁，为我国数字经济的繁荣发展奠定了坚实的基础。

二、数字技术基础

数字技术作为当代科技进步的重要基石，其发展与演变对人类社会产生了深远的影响。人类社会正逐步从以自我控制、自我管理为特征的信息技术（IT）时代，迈向以服务大众、激发生产力为核心的数字技术（DT）时代。这一转变不仅是技术层面的演进，更标志着思想观念层面的深刻变革。

信息技术（ICT）是管理和处理信息的技术总和，涵盖了计算机科学和通信技术在信息系统及应用软件设计、开发、安装和实施中的应用。而数字技术则在此基础上进一步发展，侧重于数据的深度挖掘、价值释放与生态激发，推动社会各领域的协同创新与高效发展。

数字技术基础通常以"ABCD"框架来概括，即人工智能（AI）、区块链（Blockchain）、云计算（CloudComputing）和大数据（BigData）。云计算提供强大的计算、存储和数据通道能力，支撑数据密集型应用；大数据通过海量数据的收集、处理与分析，揭示数据背后的深层规律与潜在价值；人工智能通过算法与模型，将数据转化为智能信息，辅助决策制定；区块链技术以其去中心化、透明性和不可篡改性，构建新的信任机制，促进多方协作。这些技术的相互渗透与融合共生，推动了数字经济的发展。云计算与大数据的结合提升了数据处理的效率与精度；人工智能的融入使数据分析更加智能化、个性化；区块链技术的引入为数据的安全传输与价值交换提供了新的解决方案。这种融合发展的趋势，不仅模糊了技术之间的界限，而且促进了新兴业态与商业模式的不断涌现，为经济社会的可持续发展注入了新的活力。

数字技术的深入探索对于把握数字时代的脉搏、推动经济社会的高质量发展具有重要意义。随着技术的不断进步与应用的持续深化，数字技术的潜力将进一步释放，为人类社会的繁荣进步贡献更加磅礴的力量。未来的研究将重点介绍云计算、区块链和人工智能等数字技术基础，并在后续章节中详细介绍大数据相关内容，以期为数字技术的发展提供全面的理论支持与实践指导。

（一）云计算

云计算作为现代计算机网络领域的一项革命性技术，在过去十年中经历了迅猛的发展和深刻的变革。它不仅重塑了工作方式和商业模式，更被视为信息技术发展的重要里程碑。

云计算本质上属于分布式计算的范畴，它通过网络"云"将复杂的数据计算任务分解为多个小程序，并依托由多台服务器组成的系统进行处理和分析，最终将结果反馈给用户。这一过程能够在极短的时间内完成，显示出云计算在处理大规模数据时的强大能力。

广义上，云计算是一种涵盖了信息技术、软件和互联网的综合服务。它通过构建资源共享池——"云"，实现了计算资源的集中管理和自动化分配。这种服务模式允许计算能力以商品形式在互联网上流通，用户可以像使用水、电、煤气一样方便地获取计算服务，且成本相对较低。

从狭义角度理解，云计算构成了一种资源供应网络，用户可以根据需求随时获取并使用"云"上的资源，实现按需付费。这种模式类似于自来水供应，用户根据实际使用量支付费用，享受持续且不限量的服务。

云计算的核心理念在于以互联网为核心，提供快速、安全的云计算服务和数据存储解决方案。它使得互联网用户能够便捷地利用网络上的庞大计算资源和数据中心，从而推动了信息技术的广泛应用和经济社会的数字化转型。

随着技术的不断成熟和应用领域的拓展，云计算将继续作为数字时代的关键基础设施，为各类行业和领域提供强大的数据支持和服务能力，促进经济社会的创新和发展。

1. 云计算的特点

与传统的网络应用模式相比，云计算具有高灵活性、可扩展性和高性价比。

（1）高灵活性。目前市场上大多数IT资源、软、硬件都支持虚拟化，比如存储网络、操作系统和开发软、硬件等。虚拟化要素统一放在云系统资源虚拟池当中进行管理，可见云计算的兼容性非常强，不仅可以兼容低配置机器、不同厂商的硬件产品，还能够外设获得更高性能计算。

（2）可扩展性。用户可以利用应用软件的快速部署条件来更为简单快捷地将自身所需的已有业务以及新业务进行扩展。如，计算机云计算系统中出现设备的故障，对于用户来说，无论是在计算机层面上，抑或是在具体运用上均不会受到阻碍，可以利用计算机云计算具有的动态扩展功能来对其他服务器开展有效扩展。这样一来就能够确保任务得以有序完成。在对虚拟化资源进行动态扩展的情况下，同时能够高效扩展应用，提高计算机云计算的操作水平。

（3）高性价比。将资源放在虚拟资源池中统一管理，在一定程度上优化了物理资源，用户不再需要昂贵、存储空间大的主机，可以选择相对廉价的 PC 组成云，一方面减少费用，另一方面计算性能不逊于大型主机。倘若服务器故障也不影响计算与应用的正常运行。因为，单点服务器出现故障可以通过虚拟化技术，将分布在不同物理服务器上面的应用进行恢复，或利用动态扩展功能部署新的服务器进行计算。计算机包含了许多应用、程序软件等，不同的应用对应的数据资源库不同，所以用户运行不同的应用需要较强的计算能力对资源进行部署，而云计算平台能够根据用户的需求快速配备计算能力及资源。

2. 云计算的类型

按照服务模式来看，云计算可分为基础设施即服务（IaaS）、平台即服务（PaaS）和软件即服务（SaaS）三种类型。

（1）基础设施即服务。它向云计算提供商的个人或组织提供虚拟化计算资源，如虚拟机、存储、网络和操作系统。IaaS 是对计算、存储、网络等资源进行池化，通过自服务门户让客户便捷使用。

（2）平台即服务。它为开发人员提供通过全球互联网构建应用程序和服务的平台，使得开发团队能够快速构建、分发和运行应用程序。

（3）软件即服务。通过互联网提供按需软件付费应用程序，云计算提供商托管和管理软件应用程序，并允许其用户连接到应用程序并通过全球互联网访问应用程序。

按照部署模式来看，云计算可分为公有云、私有云和混合云。其中，公有云是云服务提供者拥有所有软硬件资产，使用者将数据导入其平台以运营企业的应用程序；私有云是企业完全拥有所有资产和数据，在自有的平台内使用；混合云是企业根据业务的关键性和数据的敏感性，同时使用公有云和私有云。

(二) 区块链

区块链开创了一种在不可信的竞争环境中低成本建立信任的新型计算范式和协作模式，凭借其独有的信任建立机制，实现了穿透式监管和信任逐级传递。区块链源于加密数字货币，目前正在向垂直领域延伸，蕴含着巨大的变革潜力，有望成为数字经济信息基础设施的重要组件，正在改变诸多行业的发展图景。

1. 区块链的概念

区块链是一种由多方共同维护，使用密码学保证传输和访问安全，能够实现数据一致存储、难以篡改、防止抵赖的记账技术，也称为分布式账本技术。作为一种在不可信的竞争环境中低成本建立信任的新型计算范式和协作模式，区块链凭借其独有的信任建立机制，正在改变诸多行业的应用场景和运行规则，是未来发展数字经济、构建新型信任体系不可或缺的技术之一。

区块链技术的原理主要围绕以下三个基本概念展开：

（1）交易。这是区块链参与方在区块链上进行所有操作的基本形式，从简单的付款到智能合约的执行。每次交易的操作都将导致当前区块链账本状态的一次改变，比如一笔付款交易导致中行户余额发生了改变。

（2）区块。区块链账本的单元形式，它记录了一段时间内发生的所有交易以及交易后状态改变的结果，此区块记录的内容需要得到所有参与方的共识。

（3）链。每个区块在得到所有参与方的共识后，按照发生顺序串联成链，是整个区块链账本状态变化的日志记录。相邻区块之间的链接方式主要是将前一个区块的哈希值放入下一个区块中，以此类推。

总体来说，整个区块链的运作机制就是各参与方发出各种交易，交易被区块生成者收到后，根据交易中包含的操作将当前区块链记录的相关状态进行改变，然后将新的状态结果和交易都记录到区块中，在区块链所有参与方达成共识后链接到当前区块链中。

2. 区块链的特点

（1）去中心化。区块链数据的验证、记账、存储、维护和传输都不是基于中心机构，而是利用数学算法实现。去中心化使网络中的各个节点能够自由连接，进行数据、资产、信息等的交换。

（2）开放性。区块链具有源代码开源性，即网络中设定的共识机制、规则都可以通过一致的、开源的源代码进行验证。任何人都可以直接加入（公开链），或者通过受控方式加入（联盟链）。

（3）自治性。区块链技术采用基于协商一致的规范和协议，使得整个系统中的所有节点都能够在去信任的环境中自由安全地交换收据，任何人为的干预都不起作用。

（4）信息不可篡改。区块链使用了密码学技术中的哈希函数、非对称加密机制来保证区块链上的信息不被篡改。由于每一个区块都是与前续区块通过密码学证明的方式链接在一起的，因此当区块链达到一定的长度后，要修改某个历史区块中的交易内容，就必须将该区块之前的所有区块的交易记录及密码学证明进行重构，这一点有效实现了防篡改。

（5）匿名性。由于节点之间的交换遵循固定的算法，其数据交互是不需要信任的，区块链中的程序规则会自行判断活动是否有效。因此，交易对手无须通过分开身份的方式让对方对自己产生信任。

（三）人工智能

1. 人工智能的概念

人工智能的概念到现在尚未有统一的定义，涉及计算机与生物仿生学的交织，涉及即时仿生反应系统与自主开展行动个体。总体来看，可以认为人工智能是以人类思维完成智能行为应用的统称。微软人工智能科学家将人工智能划分为以下四个层次：

第一层即最底层是计算智能。在这一层，计算资源、存储资源、网络资源共同构成了基础资源。包括云计算、大数据、区块链和软件定义网络（SDN）在内的一系列技术支撑着计算智能的建立和发展。

第二层则是感知智能。目前，绝大多数的人工智能属于感知智能范畴，具体包括人脸识别、语音识别、机器翻译、AR/VR、机器人等。其实，从某种意义上说，致力于模仿或取代人类感知层面能力的智能技术都属于感知智能。

第三层是认知智能。计算机可以建立 0 和 1 之间的联系，但不知道为什么这样做。它只有视觉或者分类的功能，没有赋予结果以概念。"赋予概念"是我们人类做的事情。我们在做任何事情之前，首先会建立一个概念，然后用这个概念和我们的语言去对比、映射，再用逻辑去做推理。我们所谓的逻辑推理是构建在概念之上的。那么，这个概念是如何建立的？这不是感知层范畴所能解决的问题。目前整个 AI 行业的发展成果主要还是聚焦于感知层面，认知层面的突破则较为困难。认知层面的关键技术包括自然语言理解、语义网、知识图谱，这些技术主要应用于金融、聊天机器人与客服、智能音箱、搜索与大数据商务智能（BI）等领域。

第四层即最高层是创造智能，也称为通用层。这一层处于金字塔塔尖的位置。这一层对于现在的我们而言还是飞行事故记录器，可望而不可即。我们无法获知当前的技术水平距离这一层还有多远的路要走。但我们可以知道，在这一层里，机器的智能或许将达到或超越人类的高度。

2. 人工智能发展的基础条件

人工智能发展所处的信息环境和数据基础正在发生深刻的变化。日益海量化的数据、不断优化的算法模型、持续提升的计算能力和不断扩展的应用场景，正在推动人工智能的迅猛发展。

（1）日益海量化的数据。人工时代的大数据和传统意义上的海量数据是有一定区别的，主要表现在两个方面：①智能时代里大数据的本质是大连接。传统意义上的大数据更多的是指其数据体量大，数据处理复杂，数据属于结构化或非结构化。但在智能时代，我们更关注数据的内在关联性。数据之间的关联性越强，意味着数据背后蕴藏的价值越大。②智能时代大数据的重要指标是标注性。目前，机器学习和深度学习主要集中于监督学习，标注数据对于模型训练意义非凡。在弱人工智能阶段，AI 能力输出的背后通常有大量人工成本在支撑着规模惊人的数据集的建造。

目前，人工智能正在从监督学习向无监督学习演进升级。在这一过程中，人工智能算法模型需要从各行业、各领域的海量数据中不断积累经验、发现规律、持续优化。可以说，数据是人工智能发展的基础。

（2）不断优化的算法模型。作为人工智能发展的核心要素，从20世纪80年代开始到现在，"算法"一直在不断地更迭、演进。AI领域的算法分为三种流派：符号主义流派、贝叶斯流派以及联结主义流派。目前，人工智能算法也已经广泛应用于自然语言处理、语音处理以及计算机视觉等领域，并在某些特定领域取得了突破性进展。在未来，上述三种算法流派的融合将成为主要发展趋势。

随着算法模型的重要性进一步凸显，全球科技巨头纷纷加大布局力度和投入，通过成立实验室、开源算法框架、打造生态体系等方式推动算法模型的优化和创新。OpenAI、CaffeOnSpark、DMTK等多家公司已开源了深度学习基础计算框架以及专用领域算法框架（如人脸识别等），希望通过多方参与、资源贡献进一步推动技术创新。

（3）持续提升的计算能力。在当前人工智能蓬勃发展的浪潮中，计算能力的提升无疑是驱动其跨越式发展的关键引擎。回溯历史，深度学习算法与神经网络的概念虽早在20世纪七八十年代便已萌芽，但直至近年方得以迎来飞跃性的进步，这一现象的根源可深刻归因于计算技术的革新。具体而言，以往的计算能力瓶颈限制了大规模神经网络模型的有效训练，因深度学习核心在于通过复杂的矩阵运算来优化模型参数，而传统CPU在处理此类任务时显得力不从心。

计算技术的飞跃性进展，特别是图形处理器（GPU）、云计算平台以及GPU集群的广泛应用，为深度学习的大规模训练提供了强有力的支持。这些技术平台以其卓越的并行处理能力和高效的矩阵计算能力，极大地缩短了模型训练周期，使得利用海量数据训练复杂模型成为可能，进而推动了深度学习在多个领域的突破性应用。全球科技巨头如Amazon、Google、百度、阿里等纷纷布局，推出基于GPU的计算机集群服务，进一步加速了这一进程。

此外，为了进一步提升计算效率并优化终端设备的性能，将AI算法嵌入到现场可编程门阵列（FPGA）等轻量级可编程芯片中成为另一重要趋势。FPGA凭借其灵活可配置的特性，能够针对特定算法（如深度学习）进行高度优化，显著减少计算过程中的非必要开销，如缓存与存储资源的浪费，从而实现计算效能的最大化。这一发展方向预示着未来专用人工智能芯片将更加聚焦于满足深度学习等特定计算需求，通过定制化设计与固化量产，为人工智能技术的普及与应用提供更为坚实的硬件基础。

（4）不断扩展的应用场景。在技术与市场需求的双重驱动下，人工智能技术的应用边界不断拓展，并与各行业深度融合，标志着其产业化进程实现了质的飞跃。这一进程显著体现在人工智能产业链的广泛布局上，展现了该技术如何跨越传统学术界限，深刻渗透并重塑包括智能制造、航空科技、金融服务、医疗健康、安全防护、智能交通、信息检索以及教育领域在内的多元产业格局。

智能机器人作为人工智能技术的前沿应用典范，其能力已从单一任务执行迈向复杂环境智能适应，成为推动制造业智能化升级与服务业创新变革的关键力量。无人机技术的蓬勃发展，则得益于人工智能在自主控制、精准识别及追踪技术上的突破，极大拓宽了其在航拍测绘、精准农业、物流运输及紧急救援等多样化场景的应用前景。

金融领域内，人工智能凭借大数据分析、机器学习等先进技术，有效优化了风险评估模型、智能投顾服务及反欺诈机制，显著提升了金融服务的效率与安全性，为用户带来更加便捷、安全的金融服务体验。医疗健康领域亦见证了智能化的深刻变革，AI辅助诊断、个性化治疗策略设计以及新药研发等环节的智能化应用，正逐步成为提升医疗服务精准度与效率的重要驱动力。

与此同时，安防与驾驶两大领域亦展现出智能化转型的强劲势头。智能安防系统依托视频分析、行为识别等AI技术，实现了对安全威胁的即时监测与预警，增强了公共安全保障能力。自动驾驶技术的持续进步，则基于AI在环境感知、决策制定及路径优化等方面的卓越能力，正引领交通出行方式的革命性变革，预示着未来智能交通体系的构建。

在信息检索与教育领域，人工智能同样展现出其独特的价值。搜索引擎通过深度学习技术，实现了对用户查询意图的深刻理解与个性化信息推荐，提升了信息获取的精准度与效率。智能教育平台则运用AI技术，为学生提供定制化的学习路径规划与智能辅助教学，促进了教育资源的优化配置与学习效率的显著提升。

第二章　数字经济的产业组织理论

第一节　数字化企业的性质与边界

一、企业的性质和边界

（一）企业的性质

企业是一种资源控制体系，涉及劳动力、资本、土地和原材料等多种生产要素的合作。这些要素的所有者通过与企业代理人签订契约，基于契约规定的信息交流，实现合作生产。企业内部的资源配置过程体现了企业管理者的决策意图，通过经理人的直接协调，而非市场的价格信号，来实现资源的有效分配。

企业作为一种资源配置的组织形式，其存在与市场机制并存的现象引发了科斯的思考。如果市场价格机制能够高效地实现资源配置，企业的存在似乎变得多余。然而，根据交易成本理论，市场价格机制运作并非无成本，交易成本的存在为企业的产生和存在提供了理论基础。企业通过内部化交易，减少了依赖市场机制所产生的交易成本，从而实现资源配置的效率提升。

企业的有效运作减少了市场交易的频率和复杂性，通过内部管理降低交易成本，提高资源配置的效率。这种内部协调机制，即所谓的"看得见的手"，是企业区别于市场机制的显著特征。企业内部的计划和协调活动，使得资源能够在组织内部以更低的成本进行重新配置，以适应不断变化的消费者偏好、经济状况和技术水平。

此外，企业的存在还与市场的不完全性有关。市场的不完全性意味着价格机制可能无法覆盖所有类型的交易和合作，而企业能够通过内部管理来解决这些问题。企业内部的契约关系和权威结构，为企业提供了一种替代市场交易的机制，使得复杂的生产活动能够在一个统一的框架下进行。

一般来说，交易成本主要包括以下类型：

1. 价格发现成本

假设某种生产要素 X 可以同时用来生产商品 A 和 B，如果商品 A 的市场价格上涨而商品 B 的市场价格保持不变或者出现下跌，在生产技术不发生变化的情况下，可以认为生产要素所有者会选择将生产要素 X 更多地投向商品 A 的生产。上述结论成立的一个前提是，生产要素所有者可以快速而准确地获知商品价格的变化信息。在真实的市场中，价格信息的传递不仅存在时滞，而且往往会存在差错。如果生产要素的所有者本身是产品的生产者，那么他获得相关信息就会容易一些，如从供应部门了解生产要素的采购价格，以及从销售部门了解产品的销售价格。

2. 谈判和签约成本

当市场价格发生变化时，上述生产要素 X 的所有者要分别和商品 A 和 B 的生产者重新谈判并签订新的合约，这样的过程往往需要参与者投入大量的时间与精力。如果商品 A 和 B 的价格经常发生波动，那么上述谈判、解约和重新签约的过程就要发生很多次重复。如果市场中有很多种商品，每种商品的生产都需要使用大量不同的生产要素，这些生产要素分散在不同的所有者手中，那么价格变动所带来的谈判和签约过程将无比复杂。如果这样的情况发生在企业内部，生产要素 X 的所有者本身也是商品 A 和 B 的生产者，那么针对市场价格的变动，企业根本无须进行谈判和修改合约，企业管理者只需简单地指示将生产要素从 A 生产部门流向 B 生产部门即可。

3. 执行合约的成本

在市场交易中，合约的签订仅是双方合作的起点，合约的执行与监督才是确保交易顺利进行的关键。然而，合约的执行并非无成本，监督签约方是否严格履行合约条款需要投入相应的资源与努力。完美监督的理想状态在现实中难以达成，且即便实施有效监督，其成本也可能高到难以承受。

合约违约的风险是市场交易中不可避免的一部分。一旦发现违约行为，如何实施有效的制裁并补偿损失，成为交易双方必须面对的问题。即便在法律体系较为完善的国家，违约纠纷的处理也会涉及高昂的成本，包括违约事实的认定、法律适用、审判结果的执行等，这些过程都伴随着不确定性。

与市场交易不同，企业内部的资源流动通常不需要依赖合约来实现。在企业内部，资源配置可以通过管理指令直接进行，这种方式在一定程度上降低了交易成本。企业内部对于违反规定的认定过程相对简单，对违规者的惩罚措施也能够更为迅速和有效。这种内部管理机制的优势在于，它能够在一定程度上规避市场交易中存在的违约风险。

企业内部的这种资源配置方式，实际上是对市场机制的一种补充。它通过减少对市场合约的依赖，降低了交易过程中的不确定性和成本。这种机制的存在，不仅提高了资源配置的效率，也为处理违约行为提供了更为直接和有效的手段。

4. 不确定性与风险

市场中的买卖双方可以直接根据市场价格来进行交易，由于供需力量的变化会导致价格持续发生波动，从而使交易双方都会承担较高的风险。为了降低市场交易的风险，买卖双方可以通过签订长期合约的方式，来减少未来可能发生突发事件的风险。如厨师和餐馆之间几乎不可能每天签订工作合同，以此来具体约定每日工资和工作内容，因为这样双方都会承担很高的风险。短期合同会使生产和交易活动中的参与者承担很高的风险。从这个意义上来说，企业就是通过一系列的长期合同来取代短期合同，以此来减少所有参与者的风险。

（二）企业的边界

尽管企业在某些情况下可以降低市场的交易成本，但是企业作为一种资源配置方式也存在成本，它在减少交易成本的同时，也会产生组织成本，这就意味着企业绝不可能完全取代市场。企业是存在边界的，企业的规模扩张到一定程度后必然会停止。

企业的边界问题包含两层含义：横向边界和纵向边界。所谓横向边界，是指企业生产特定产品的数量及其产品种类；纵向边界，则是指企业内部生产流程中不同生产阶段的数量。联想通过收购IBM的个人电脑业务，扩展了自己的横向边界；陷入质量危机的奶业巨头纷纷收购奶源农场，则是通过扩展纵向边界来提升产品质量的努力。

决定企业横向边界的最重要因素就是成本。一般来说，企业的长期平均成本大多表现为 U 形曲线。在没有进入壁垒的情况下，企业会力图在平均成本的最低点记性生产。企业的 U 形长期平均成本往往有一个相对平坦的底部，这就意味着在维持最低成本的情况下，存在着一系列不同的产出水平，从这个意义上来说，企业的横向边界往往并不是固定的。总的来看，企业总是希望通过调整产量和产品种类，通过规模经济或范围经济等手段，来不断逼近平均成本的最低点。事实上，伴随着产量或者产品种类的不断上升，企业的组织和管理成本也将不断提高，这就意味着企业的横向边界总是存在的，企业不可能无休止地扩张下去。

企业纵向边界的扩张，在很多情况下被称为纵向一体化，即企业沿着某种产品或服务的价值链向一端或两端延伸的行为。其中向价值链下游的扩张使其更加靠近最终用户的纵向一体化，被称为前向一体化，反之则被称为后向一体化。纵向一体化战略，本质上反映了企业对如何获取生产要素这一重要决策问题的态度：是依赖市场交易还是依赖企业自身。成本依然是企业选择纵向一体化战略的一个重要影响因素。不同的产业之间，在纵向一体化的程度上存在着显著的差异。

二、数字化企业的性质

数字化企业的核心特征在于其对数据的深度依赖与应用。这些企业通过精准的数据收集与分析，将数据转化为企业决策、生产和销售流程中的关键要素，实现快速响应市场变化与科学决策。数字化企业不局限于新兴企业，传统企业通过信息技术的整合与升级，同样能够实现数字化转型，增强其在市场中的竞争力。

数据在数字化企业中扮演着至关重要的角色，它不仅是生产资料和劳动对象，更是企业生产活动的基础。数字化技术优化了企业内部信息的流动，降低了沟通成本，提高了决策的科学性和资源配置的效率。数据的流通打破了层级壁垒，减少了选择性误差，为管理者提供了全面而准确的决策依据。

在生产过程中，数字化企业能够实时接收来自生产端和消费端的数据，这些数据经过转换和分析，为管理层和技术人员提供了快速反应和工艺改进的依据。这种数据驱动的模式，不仅降低了生产成本，还提高了生产效率，实现了生产与优化的同步进行。

数字化企业的竞争能力在于其对资源的高效利用和对市场环境的快速适应。通过数据驱动，企业能够实现生产全过程、产品全生命周期、供应链各环节的优化，提升生产运营效率。软件作为数据管理的核心工具，正从流程为中心向数据为中心转变，推动企业向数据驱动型企业发展。

与传统企业相比，数字化企业的学习曲线更为陡峭，表明其在大批量生产时能够更快地降低边际成本，实现更低的最优成本。数字化技术的应用，使得生产效率得到显著提升，通过将经验积累过程转化为具体可操作的数据和流程，提高了劳动效率。数字化企业通过监控存储技术，将数据可视化，由专业技术人员进行分析，及时调整生产策略，实现数据的增值和价值挖掘，从而提高整体生产效率。

三、数字化企业的边界

企业边界是企业组织机构在与市场相互作用的过程中能力传递的最终体现。它以企业产品和企业形象的市场作用程度为依据，和交易费用、组织费用相互依赖和相互制约，共同确定企业生产的范围和规模。

数字经济时代，企业可能会出现两种不同的，甚至是相悖的发展趋势。一种趋势是服务于个性化的小众消费者的小企业组织模式大行其道；另一种趋势是平台型大企业在不断数字化的过程中逐渐成长为独角兽企业。随着数字技术不断进步并渗透到企业管理、生产、供应链、营销等各个领域，这些变化对企业边界规模的影响是值得深入探讨的问题。

（一）交易成本理论

新古典经济学认为企业边界主要由生产中以技术为基础的规模经济决定。一方面，当规模经济存在时，边际成本小于边际收益，竞争市场中的企业必须扩大经营规模，或者随着其他企业的扩张而消失。也即是说，规模经济越大，企业规模则越大。另一方面，由于边际收益递减，企业生产会由规模经济到规模不经济，因而企业边界不能无限扩张。新古典经济学从生产的角度分析企业边界，忽视了企业与市场的关系。

1. 专业化交换经济中企业的存在与交易成本理论

在专业化的交换经济体系中，企业的存在是出于对交易成本的深刻理解和应对。企业作为一种组织实体，其形成和维持是基于降低交易成本的需要。交易成本包括了信息搜集、谈判、计量、履约监督等一系列在市场交易过程中产生的成本。这些成本的存在，揭示了市场交易并非在所有情况下都能实现资源配置的最优化。

企业通过内部化机制，有效地降低了交易成本，尤其是在个人交易面临困难、效率低下或成本过高的情况下。企业内部协调机制的建立，使得资源配置和生产活动得以以低于市场交易成本的方式进行。这种内部化不仅涉及生产过程的协调，还包括对外部市场信息的搜集、处理和应用。

企业的存在，是对市场机制的一种补充和优化。市场机制在面对信息不对称、谈判成本过高或监督机制不完善等问题时，可能无法高效地实现资源的最优配置。企业通过建立内部的契约关系和协调机制，能够克服这些市场局限，提高资源配置的效率。

企业内部的协调机制还促进了知识的积累和创新。员工和部门之间的交流与合作，有助于知识的传播和创新思维的激发，这对于企业的持续发展和竞争力维持至关重要。

企业在专业化交换经济中的存在，体现了交易成本理论的实际应用。通过内部化机制，企业不仅降低了交易成本，提高了资源配置的效率，还促进了知识的积累与创新，为企业在市场中获得竞争优势提供了支持。

2. 企业组织的边界与协调成本

企业组织的边界是由其内部协调成本与外部协调成本的平衡所决定的。企业内部化实现规模经济或范围经济，但管理收益递增导致管理成本随生产规模扩大而上升，限制了企业规模的无限增长。企业规模的确定，依赖于市场交易的边际费用与企业内交易费用的比较。

外部协调成本,即市场中组织生产的成本,随着企业内部交易成本的降低而减少。当多数交易通过市场而非企业内部进行时,企业需承担供应链管理、合同签订和外部供应商监督等成本。随着企业规模的扩大,这些外部协调成本相对降低。

内部协调成本则源于企业面对的代理人问题。企业所有者雇佣代理人(如经理、工人)完成工作,但所有者与代理人的目标可能发生冲突,导致内部协调成本的产生。随着企业规模的扩大,委托代理问题更加突出,内部协调成本随之增加。

企业组织的边界并非固定不变,而是动态调整的过程,取决于协调成本的最小化以及市场条件的变化。企业需不断评估内部与外部协调成本,以确定最优的组织规模和运营模式。

3. 内部化交易成本的优化条件

在经济学的框架内,交易成本的内部化与外部化是企业组织决策的关键考量。内部化交易成本相对于外部交易成本的优化条件,由一系列复杂的因素决定,其中包括有限理性、机会主义和资产专用性。

有限理性是指个体在面对复杂问题时,由于信息处理能力的局限或信息本身的不完整性,无法做出完全理性的决策。在国际象棋等高度复杂的情景中,即便是顶尖选手也难以预测所有可能的走法,这体现了有限理性的现实存在。当个体在信息不确定的环境中作出决策时,有限理性尤为显著。

机会主义则是指在有限理性的背景下,个体可能会出于自身利益的考量,采取非合作或利用合同漏洞等行为。这种行为的存在,增加了交易的不确定性和风险,从而可能促使企业倾向于内部化交易,以减少外部交易中的潜在损失。

资产专用性涉及为特定交易而进行的大额投资,这些资产包括实物资产和人力资产。实物资产专用性可能与特定场地或加工过程相关,而人力资产专用性则与个体或团队在特定交易中积累的技能和知识有关。资产专用性的强度决定了资产在其他用途上的转换成本,从而影响企业对内部化交易的偏好。

当资产专用性较高时,企业倾向于通过内部化交易来确保交易的连续性和稳定性,减少因市场变动带来的风险。资产专用性的存在,增加了对内部治理结构的需求，以适应资产专用性带来的连续性需求。

(二) 数字技术与交易成本

1. 数字技术对企业内部交易成本的影响

数字技术的应用在现代企业运营中发挥着至关重要的作用，特别是在降低内部交易成本方面。随着技术进步，企业能够实现更高效的空间组织和改善管理技能，这些变化直接影响了企业最优规模的调整。

数字化管理通过缩短信息传递时间、提高结点匹配效率和降低库存管理成本，显著减少了生产链上的内部协调成本。这种技术的应用简化了决策制定过程，简化了内部决策层级，提高了决策的精准度，从而进一步降低了内部协调成本。

在需求分析方面，数字技术展现出其强大的优势，它不仅降低了客户管理的成本，还提高了营销的精准度。通过数据分析和消费者行为的洞察，企业能够更有效地满足市场需求，实现资源的优化配置。

此外，数字化技术还为定制产品的生产提供了可能性，这不仅提高了消费者的满意度，还通过产品的差异化为企业带来了更高的利润率。这种个性化的生产模式，得益于数字技术的灵活性和响应速度，使得企业能够快速适应市场变化。

2. 数字技术对企业外部交易成本的影响

数字技术的发展对企业外部交易成本产生了显著影响，这种影响在多个层面上促进了成本的降低，进而可能影响企业的规模和边界。数字技术通过提供高效的信息搜寻和匹配机制，降低了寻找合适供应商的成本，提高了供应链管理的效率，从而减少了外部市场上的信息搜寻成本。

区块链技术的引入，通过其透明性和不可篡改的特性，缓解了企业间的信任问题，降低了交易中的有限理性和机会主义行为，减少了商业风险。移动互联网和人工智能技术的普及，加快了信息传递的速度，提升了企业对外部风险的响应能力和判断准确性。

云计算服务的广泛应用，特别是对中小企业而言，提供了灵活的数据存储和计算能力，减少了企业在硬件设施和专业技术人员上的投资，降低了专用性资产的成本。

这些技术的综合应用，降低了企业的外部协调成本，可能导致企业边界的收缩。在企业内部协调成本和外部协调成本都降低的情况下，合并协调成本曲线整体下移，但对企业边界的具体影响则较为复杂。如果数字技术在降低内部协调成本方面的效应大于外部协调成本，企业规模可能会扩大；反之，则可能导致企业规模的缩小。

数字经济时代，企业规模的扩张与收缩，以及不同规模企业的共存与繁荣，都可能成为现实。企业需要根据数字技术对内部和外部协调成本的具体影响，灵活调整其规模和运营模式，以适应不断变化的市场环境。这种动态调整过程体现了数字技术在塑造企业结构和市场竞争力方面的深远影响。

第二节　数字经济市场中的不完全竞争

一、数字经济市场中的不完全竞争的形成原因

（一）产品同质有差异

在数字经济时代，信息的无界流动极大地促进了产品信息的透明度，使得企业能够迅速模仿并推出类似的产品。这种高度的可复制性表面上看似加剧了市场的同质化竞争，但实际上，产品间的微小差异成为决定市场格局的关键因素。定制化服务和个性化功能的兴起，正是企业为了突破同质化困境而采取的策略。通过精准把握消费者需求，提供个性化解决方案，企业能够在看似同质的市场中创造出差异化的竞争优势。这种差异化不仅体现在产品功能上，还延伸到了用户体验、售后服务等多个维度，从而形成了不完全竞争的市场结构。

（二）资源共享与独占并存

数字经济以数据为核心资源，其流动性极大地促进了资源的共享与整合。然

而，正是这种流动性也催生了资源独占的现象。关键数据和技术作为企业的核心资产，往往被少数企业牢牢掌控，形成了技术壁垒和市场垄断。这种资源共享与独占并存的局面，既为市场带来了活力，也埋下了不公平竞争的隐患。一方面，资源共享促进了技术创新和产业升级；另一方面，资源独占则可能导致市场失衡，削弱竞争活力。因此，如何在保障数据安全与隐私的前提下，促进资源的合理流动与共享，成为数字经济时代亟待解决的问题。

(三) 网络外部性

梅特卡夫法则在数字经济中得到了淋漓尽致的体现。随着用户数量的增加，网络的价值呈指数级增长，这种网络外部性为大型企业提供了天然的竞争优势。大型企业凭借庞大的用户基数和丰富的数据资源，能够不断优化产品和服务，吸引更多用户加入，形成良性循环。而中小企业则往往因为缺乏用户基础和数据支持，难以在市场竞争中立足。这种由网络外部性导致的不完全竞争，既促进了市场的快速发展，也加剧了市场的两极分化。

(四) 技术创新与迭代

数字经济时代的技术创新和迭代速度之快前所未有。新产品、新服务层出不穷，为企业带来了前所未有的市场机遇。然而，技术创新往往伴随着高昂的研发成本和风险，使得只有少数具有雄厚实力和创新能力的企业能够承担并引领创新潮流。这些企业通过不断推出创新产品和服务，巩固了市场地位，形成了不完全竞争的市场格局。同时，技术创新的快速迭代也加剧了市场的竞争压力，迫使企业不断投入研发资源以保持竞争优势。这种既促进又制约的双重作用，使得技术创新成为数字经济市场中不完全竞争的重要推手。

二、数字经济市场中不完全竞争的表现特征

(一) 市场集中度高

在数字经济市场中，部分行业或领域由于技术门槛高、资源垄断等原因，市

场集中度较高。大型企业凭借技术优势和资源垄断地位，占据了市场的主导地位。这种高集中度不仅体现在市场份额上，还反映在企业对产业链上下游的控制力上。大型企业通过构建完整的生态系统，整合上下游资源，形成了强大的市场势力。而中小企业则往往因为缺乏技术实力和资源支持，难以在市场中立足或只能处于边缘地位。这种市场结构的不平衡性，既影响了市场的竞争活力，也可能对消费者利益和社会公共利益造成损害。

（二）差异化竞争

面对同质化竞争的压力，企业纷纷采取差异化竞争策略以吸引消费者。定制化服务和个性化推荐等新型服务模式应运而生，为消费者提供了更加贴心和个性化的消费体验。这种差异化竞争不仅体现在产品和服务上，还延伸到了品牌形象、营销策略等多个方面。企业通过塑造独特的品牌形象和制定差异化的营销策略，成功地在市场中脱颖而出。差异化竞争不仅提升了企业的市场竞争力，也满足了消费者日益增长的个性化需求，推动了市场的多元化发展。

（三）平台经济兴起

数字经济时代，平台经济成为重要的商业模式。平台企业通过构建生态系统，整合上下游资源，形成了强大的市场势力。平台之间的竞争往往表现为生态系统之间的竞争，而非单一产品或服务的竞争。这种竞争模式要求平台企业不仅要关注自身的产品和服务质量，还要关注整个生态系统的健康发展。平台企业需要不断吸引和留住用户、商家等生态伙伴，通过提供优质的服务和支持来增强生态系统的黏性和活力。同时，平台企业还需要密切关注市场动态和技术发展趋势，及时调整战略和布局以应对市场变化。

（四）反垄断与反不正当竞争

由于数字经济市场中的不完全竞争特征日益显著，反垄断和反不正当竞争成为重要的政策议题。政府需要密切关注市场中的垄断行为和不正当竞争行为，保护消费者利益和社会公共利益。一方面，政府需要加强对市场垄断行为的监管力度，对滥用市场支配地位、排除或限制竞争的行为进行严厉打击；另一方面，政府还需要完善反垄断法律制度体系，提高反垄断执法的透明度和公正性。同时，市场自律也是保障市场公平竞争的重要手段。行业协会和企业需要自觉遵守法律法规和道德规范，加强自我约束和监管力度，共同维护市场的公平、公正和有序发展。

三、数字经济市场中不完全竞争的影响与应对策略

（一）影响分析

1. 创新与发展的双刃剑

不完全竞争的市场环境虽然为具有创新能力的企业提供了广阔的发展空间，但同时也可能抑制了中小企业的创新动力。大型企业凭借其市场地位和资源优势，往往能够更容易地获得创新所需的资金、人才和技术支持，而中小企业则可能因资源有限而难以承担创新的高昂成本。这种差异可能导致市场中的创新活力受到限制，影响整个行业的可持续发展。

2. 消费者福利的复杂影响

不完全竞争的市场结构对消费者福利的影响具有两面性。一方面，大型企业的规模效应和品牌优势有助于降低生产成本和提高产品质量，从而为消费者带来价格更低、品质更好的产品和服务。另一方面，市场垄断可能导致价格歧视、搭售等不正当竞争行为，损害消费者的合法权益。此外，缺乏有效竞争的市场还可能导致产品和服务种类单一、创新不足，无法满足消费者日益多元化的需求。

3. 经济安全与稳定的风险

数字经济市场中的不完全竞争还可能对国家的经济安全与稳定构成威胁。关键数据和技术资源的垄断可能导致国家在经济运行、社会管理等方面的自主性受到削弱。同时，市场中的不正当竞争行为还可能引发金融风险、数据安全风险等问题，对国家的经济安全和稳定造成潜在威胁。

(二) 应对策略

1. 完善法律法规体系

政府应加快完善数字经济领域的法律法规体系，明确界定市场竞争行为的合法与非法边界，为市场监管提供有力的法律支撑。同时，还应加强对反垄断和反不正当竞争法律制度的宣传和普及工作，提高企业和消费者的法律意识和维权能力。

2. 优化市场准入机制

政府应进一步降低市场准入门槛，打破行业壁垒和地域限制，鼓励更多企业和个人参与市场竞争。通过简化审批程序、优化营商环境等措施，降低企业的创业成本和运营成本，激发市场活力和创造力。同时，还应加强对新兴业态和模式的监管研究，及时制定适应性的监管政策和措施。

3. 强化反垄断监管执法

政府应加强对数字经济市场中垄断行为的监管执法力度，对滥用市场支配地位、排除或限制竞争的行为进行严厉打击。建立健全反垄断监管机构和执法队伍，提高反垄断执法的专业性和效率性。同时，还应加强与其他国家和地区的合作与交流，共同应对跨国垄断行为和市场壁垒问题。

4. 推动数据共享与开放

政府应鼓励和支持数据共享与开放工作，打破数据孤岛和壁垒现象。通过制定数据共享政策和标准规范等措施，促进数据资源的合理流动和有效利用。同时，还应加强对数据安全和隐私保护工作的监管力度，确保数据在共享和开放过程中的安全性和合法性。

5. 加强消费者权益保护

政府应建立健全消费者权益保护机制，加强对消费者权益的保护力度。通过完善消费者权益保护法律法规、加强市场监管和执法力度等措施，打击侵害消费者权益的行为。同时，还应加强对消费者的教育和引导工作，提高消费者的维权意识和自我保护能力。

6. 促进中小企业发展

政府应采取多种措施促进中小企业的发展壮大。通过提供财政补贴、税收优惠、融资支持等政策措施降低中小企业的创业成本和运营成本；通过加强技术创新和人才培养等支持措施提高中小企业的核心竞争力和市场竞争力；通过搭建服务平台和合作网络等支持措施促进中小企业与大企业之间的合作与交流。

7. 加强国际合作与交流

面对数字经济市场的全球化趋势和跨国垄断行为的出现，各国政府应加强国际合作与交流工作。通过加强信息共享和情报交流等措施提高对市场动态和跨国垄断行为的监控能力；通过加强法律制度的协调和衔接等措施提高跨国反垄断执法的效率性和公正性；通过加强技术标准和认证体系的互认等措施促进国际贸易和投资活动的便利化和规范化。

第三节　数字经济与劳动力市场

一、数字经济时代劳动力市场的典型特征

（一）数字经济的就业特征

1. 就业规模

数字经济作为全球经济发展的新动力，正以其迅猛的发展势头和广泛的技术应用，不断推动就业规模的扩大。权威机构的预测指出，数字经济领域的就业人数在全球范围内将持续增长，为各国劳动力市场带来新的活力和创新潜力。

在中国，数字经济的就业效应尤为显著。近年来，随着数字经济的快速发展，该领域的就业人数呈现出稳步增长的趋势，成为劳动力市场的重要吸纳力量。互联网、电子商务、计算机软件、通信和IT服务等前沿领域，不仅创造了大量新兴的就业机会，也为求职者提供了多样化的职业选择。

数字经济的就业规模增长不仅体现在数量上，其行业分布的广泛性同样值得关注。数字经济的就业岗位覆盖了多个行业领域，包括互联网和相关服务业，如互联网企业、电商平台和社交媒体等，这些领域为技术、运营和市场等专业人才提供了广阔的职业平台。软件和信息技术服务业，涵盖软件开发、信息系统集成和信息技术咨询等，对技术人才的需求持续增长。电信、广播电视和卫星传输服务行业，随着5G和云计算等前沿技术的普及，对专业人才的需求也在不断上升。

2. 就业结构

数字经济的兴起与发展，正深刻影响着就业的产业结构、区域分布、技能需求等多个维度。在产业结构方面，第三产业的数字化转型已成为吸纳就业的主要力量。随着新一代人工智能技术的普及，第一产业的劳动生产率提高，释放了农业劳动力；第二产业虽具有数字化转型的潜力，但面临技术改造难度大和数字技能工人短缺的挑战；而第三产业则因交易费用高、固定资产占比低、技术密集度低，更易于进行数字化改造，尤其在生活性服务业领域，需求的增长带动了就业需求的显著增加。

在行业层面，服务业、工业和农业内部的数字经济发展占比存在较大差异。生产性服务业由于资本和技术密集型特点，其数字经济占比通常较高，而生活性服务业虽在资本和技术投入上相对较少，但在带动就业方面可能发挥更大作用。重工业部门在数字化转型方面速度快于轻工业部门，而农业领域的数字化发展潜力巨大。

区域结构方面，数字经济的发展伴随着技术的快速革新和生产成本的下降，促进了产业的区域转移和劳动力区域结构的调整。发达国家在数字经济发展基础和创新能力方面具有优势，而中低收入国家的互联网普及率相对较低。智能互联技术和平台经济的发展，为中低收入国家的劳动者提供了进入发达国家和地区劳动力市场的便捷条件。

在就业的技能结构方面，知识和信息成为关键生产要素，数字技能成为就业者的基本能力之一。劳动力市场的供求不匹配问题突出，尤其是高数字技能人才的短缺与需求之间的矛盾。数字人才的分类和需求呈现出多样化，但某些领域如大数据、商业智能等存在巨大的人才缺口。

技术进步在数字经济中呈现两种趋势：技能退化型和技能偏好型。前者可能增加对低技能劳动力的需求，而后者则增加对高技能劳动力的需求。这种技术进步导致就业岗位两极化，高技能与低技能岗位的就业比例提高，而中等技能岗位的就业率下降，中等技能劳动力面临市场分离的压力。

3. 就业形式

数字经济的蓬勃发展，借助网络信息技术和互联网平台，正重塑就业形态，促进了灵活就业形式的快速兴起。这种新兴的就业模式打破了传统组织边界，降低了个体参与经济活动的门槛，使得个体在不进入传统企业的情况下也能参与劳动市场。

灵活就业形式如自主创业、自由职业、兼职就业等，为个体提供了更大的决策自主权，包括工作地点、工作时间和工作内容的灵活性。这种就业模式的兴起，反映了劳动力市场对传统长期稳定雇佣关系的转变，劳动关系趋向短期化、市场化和合作化，相应地，灵活就业者需要承担更大的职业风险。

据权威机构的研究，欧美地区已有相当比例的工龄人口从事某种形式的独立工作。未来就业的趋势预示着工作内容、地点和形式的巨大变革，企业将更倾向于使用临时工、自由职业者或专业承包商，而非传统的全职雇员。

在数字经济背景下，灵活就业者依托技术和平台的支持，超越了地理和个人能力的限制，使得灵活就业从一种边缘的、被迫的选择转变为劳动者的主动选择。灵活就业的范围也从传统的商贸流通领域扩展到快递、共享经济等新兴领域。

教育背景在灵活就业者中占据了越来越重要的地位，尤其是在知识付费等新兴领域，高学历人群的占比显著提高。这与以往以低教育和低技能人群为主的传统灵活就业形成了鲜明对比，反映了数字经济对就业者技能和教育水平提出的新要求。

（二）数字经济就业规模的度量及其复杂性

数字经济的兴起对就业市场产生了深远的影响，其就业规模的度量成为研究和政策制定中的关注焦点。然而，数字经济对现有就业岗位的替代效应也引起了对失业问题的担忧。智能机器人和电子商务的发展可能会使某些劳动密集型和重复性工作的岗位受到冲击，而权威机构的预测数据揭示了这种冲击的广泛性和深远性。尽管如此，目前对于数字经济就业规模的度量仍面临一些挑战。

然而，在评估数字经济对就业市场的具体影响时，我们面临一个显著挑战：即缺乏一个统一且被广泛接受的数字经济定义。这一现状导致不同机构在测算数字经济就业规模时采用了不同的方法，进而影响了数据之间的可比性和准确性。

为了更全面地把握数字经济的就业效应，咨询机构采用了电子国内生产总值（e-GDP）方法来测算数字经济的整体规模，并尝试将这一方法应用于未来就业容量的预测中。e-GDP方法通过量化数字经济活动所产生的货币价值，综合考量了消费支出、投资支出、政府支出以及出口净值等多个维度，充分反映了数字经济的多样性和复杂性，为就业规模的预测提供了一种新颖且富有洞察力的视角。

中国信息通信研究院发布的数据则显示，数字经济领域的就业岗位数量和增长率均呈现出积极的趋势。这些数据反映了数字产业化和产业数字化对就业的带动作用，以及数字经济与实体经济融合的深度。

在测算方法上，数字产业化和产业数字化的规模测算存在差异，后者更加复杂，需要通过增长核算账户框架来分离和计算数字技术在传统产业中的贡献。产业数字化带动的就业则需要根据行业产出和劳动生产率进行近似计算。

二、数字经济对劳动力市场的影响

（一）数字经济对劳动力供求规模的多元化影响

数字经济对劳动力需求规模的影响与以往技术进步有相似之处，学者们在探索技术进步的就业效应时，主要将其分为替代效应和创造效应，因此在探索数字经济对劳动力规模的影响时也可以从这两方面来分类。然而不同的是，数字经济在以往技术进步的基础上又通过补偿效应作用于劳动力规模，带来更多元化的影响。

1. 替代效应

数字经济的兴起，以人工智能、物联网、大数据等前沿技术为代表，标志着第四次工业革命的到来。这一革命对经济结构和就业形态带来了深刻的影响，其替代效应在劳动力市场中尤为显著。

数字经济对劳动力需求的影响主要体现在劳动生产率和资本生产率两个方面。技术的应用，如大数据和人工智能，能够显著提升劳动生产率，导致在一定生产规模下，所需的就业岗位减少，进而劳动力需求规模缩减。同时，数字经济通过提升生产效率，间接增加了资本积累，为技术更新和引进提供了经济支撑，形成了一个劳动力需求进一步减少的循环。

对于岗位替代的发展趋势，技术性失业的传统观点认为，随着技术进步，某些岗位将因技术替代而消失。尽管这种观点在学术界和政策制定中仍占有一席之地，但数字经济同时也创造了新的就业机会和职业类型。技术进步可能减少某些领域的劳动力需求，但也会在其他领域产生新的劳动力需求，从而对劳动力市场的结构和供求关系产生复杂的影响。

此外，数字经济的发展还可能改变劳动力市场的技能需求，促使劳动力供给结构发生调整。随着技术的发展，对于高技能劳动力的需求可能会增加，而对于低技能劳动力的需求可能会减少。这种变化要求劳动力市场参与者不断适应新的技能要求，通过教育和培训提升自身的竞争力。

综合来看，数字经济对劳动力供求规模的替代效应是一个多维度、动态发展的过程。它不仅涉及技术对就业岗位的直接影响，还包括对劳动力市场结构、技能需求和就业质量的间接影响。因此，深入研究和理解这一效应，对于制定有效的就业政策和劳动力市场适应策略具有重要意义。

2. 创造效应

数字经济的兴起与发展，对劳动力市场的影响是复杂而多维的。虽然数字经济可能在短期内对某些行业和岗位产生替代效应，但从长远来看，其创造效应不容忽视。数字经济的技术创新，如大数据、云计算、物联网等，为就业市场注入了新的活力。这些技术的推广和应用，不仅推动了新产业和新部门的诞生，也催生了新的职业和岗位，从而为劳动力市场创造了大量的需求。

随着数字经济与传统产业的深度融合，一些传统岗位可能因智能机器的替代而减少，但同时也会催生出新的岗位需求。例如，人工智能技术的快速发展，对智能机器人的需求日益增长，这不仅促进了相关研发、设计、营销等专业领域的人才需求，也推动了就业规模的扩大。此外，数字经济作为技术进步的体现，能够显著提高劳动生产率，加速经济增长。经济增长带动劳动者工资水平的提升，进而促进社会消费的增加，扩大了总需求。总需求的增长反过来又刺激了企业对商品的再生产，进一步扩大了劳动力的雇佣规模。

数字经济的持续创新和突破，还有助于提升管理效率，使各行业能够扩大管理幅度，这同样为劳动力市场带来了扩张的机会。自动化技术的发展，虽然可能减少某些领域的就业机会，但同时也创造了新的工作任务和就业岗位。这些新岗位包括因人工智能应用而增加的劳动力需求，以及围绕人工智能产生的新类型岗位。互联网的高效信息配置能力，突破了时间和空间的限制，使得更多人能够参与到就业市场中，带来了新的就业机会。基于数字经济的新就业形态，不仅能够创造更多的工作岗位，也为弱势群体提供了更多的就业机会，有助于提高工作质量和就业结构。

3. 补偿效应

不同于传统的技术进步，数字经济对劳动力供求规模存有补偿效应。

一方面，人工智能能够填补许多供给缺位的劳动岗位，使得整个经济链条完整，从而能在一定程度上弥补劳动力的供给数量。这种供给短缺的劳动岗位包括：一是脑力劳动强度大、由人类承担效率低的岗位，例如监控图像的扫描和识别；二是超出人类感官和反应极限、人类无法保障完成质量的岗位，例如精密仪器的检验检测等；三是工作环境不适宜人类劳动者进入的岗位，例如进行深空探索的航天器等。这些岗位如果在数字化过程中实现了智能化和自动化，其对劳动力的需求将会降低，劳动力供给短缺的问题将得到有效缓解。

另一方面，数字经济能够补偿人口老龄化导致的劳动力供给不足。当前，全球人口增长速度放缓的同时老龄化程度也在迅速提高，劳动力短缺即将成为全球经济社会发展共同面临的难题。随着人口老龄化的加剧，未来劳动力供给规模将进一步缩小。而学校教育水平提高和职业教育的增强改变了劳动力的技能结构，劳动者更倾向于选择技能要求更高、工资水平更高的就业岗位，这将带来低技能岗位劳动力供给不足。但是在数字经济背景下，传统的劳动力市场半径得到极大扩展，对劳动者有更大的包容性，新就业形态的出现使得劳动力能够获得更加灵活、公平的就业机会，在一定程度上提高了劳动参与率。借助诱导式创新，可以实现对劳动力的补位式替代，从而弥补劳动力供给规模的不足，补偿老龄化带来的劳动力市场结构失衡。

（二）数字经济对劳动力供求结构的影响

在数字经济背景下，劳动力市场的结构将发生深刻的变革。从企业的角度来看，随着产业部门的转型升级，劳动力将在三次产业间重新分配，新兴技术的快速发展也提高了对劳动力技能的要求。而从劳动力本身来看，随着就业形态的创新，劳动力市场的进入门槛降低，许多非劳动力进入劳动力市场，这将极大地提升劳动参与率。

1. 对劳动力产业结构的影响

随着数字经济的蓬勃发展，劳动力产业结构正在经历深刻的变革。大数据、云计算、人工智能和物联网等技术的广泛应用，加速了高技术服务业的发展，并对劳动力产业分布产生了显著影响。产业结构的转型升级导致了劳动力从传统制造业向服务业的转移，特别是在医疗保健和社会援助服务领域，预计到2024年，几乎所有新增就业机会将集中于服务业。

在第一产业，即农业领域，人工智能技术的应用正在转变农民的生产习惯与方式，并强化了他们与市场的联系。自动化和机器人技术的应用，从作物选择到播种，再到灾害预防直至收获，实现了农业生产流程中的人机合作。这不仅提高了农业生产效率，也促进了农民与市场的密切联系，有助于农民通过获取更高水平的教育、卫生保健、金融和市场服务来间接提高收入。

第二产业，即制造业，是数字经济发展影响最为显著的领域之一。工业机器人和自动化技术的大规模应用，与就业和工资水平呈现出显著的负相关关系，表明制造业劳动力需求受到了替代效应的影响。然而，这种影响并非全然消极，数字经济的发展也促进了技术密集型制造业的就业规模增长。

第三产业，尤其是服务业，正在成为劳动力转移的主要领域。尽管许多服务业劳动者面临计算机化替代的风险，但人工智能的创造效应也在促使一些职业的劳动力需求上升。幼儿教育、会计与财务、护理、健康咨询以及社会信息服务等领域的劳动力需求呈现出增长趋势。

通过投入占用产出模型的测算，发现数字经济对第二产业就业的影响效应逐年提升，尤其是在信息通信技术产业。同时，数字经济对第三产业就业的影响主要集中在批发零售和商务服务业。技术密集型制造业和生产型服务业的就业规模受到数字经济的显著影响，这表明发展数字经济能够更有效地发挥制造业和服务业对就业的双重吸纳作用。这些变化不仅体现了数字经济对劳动力产业结构的重塑，也为未来的就业趋势和劳动力市场的发展提供了重要的参考价值。

2. 对劳动力技能结构的影响

数字经济的崛起及其所伴随的技术革新，正在重塑劳动力市场对技能的需求结构。随着产业结构的升级，对高素质、高技能劳动力的需求日益增长，同时，服务业的扩张也对低技能劳动力提出了新的需求。技术进步，特别是人工智能的快速发展，导致了中等收入、中等技能需求岗位数量的减少，这一现象表明劳动力市场出现了两极分化的趋势，对劳动者的就业选择产生了深远的影响。

企业组织在新兴技术推动下的变革，也间接地影响了劳动力的技能需求。全面的数据库和便捷的信息获取渠道要求劳动者能够超越单一生产步骤，解决整个流程的操作问题。自动化机器和程序化流程的运用，提升了对劳动者分析和解决问题能力的要求。工作组织的改进增加了管理人员的沟通任务，企业对劳动者的人际交往能力、认知能力、灵活性和自我管理能力的需求也随之提高。高技能劳动者在处理不确定性和沟通效率方面展现出更大的优势。

制造业内部生产模式与生产系统的变革，也对劳动者的技能提出了新的要求。计算机化和工业机器人等技术的应用，催生了柔性制造系统和Seru生产系统，这些系统能够更好地满足市场对大规模定制的需求。与历史上的流水线和丰田生产体系相比，第三次工业革命所带来的生产系统变革，预示着未来制造业发展的新格局，并对劳动者的技能提出了更高的要求。

3. 对劳动力年龄结构的影响

数字经济的蓬勃兴起与新就业形态的快速扩展,正深刻重塑劳动力市场的年龄结构格局,展现出两个核心维度的积极作用。

(1)数字经济显著弱化了传统就业对劳动力年龄的硬性界限,促进了劳动力市场的包容性与多元化。这一变革尤为体现在为年轻一代及少年儿童开辟了前所未有的灵活就业空间。他们借助互联网平台,能够灵活利用非传统工作时段与零散时间,参与诸如网络直播等新型就业形态,不仅激发了年轻劳动力的创造活力与探索精神,也彰显了数字经济在吸纳并培养年轻劳动力方面的强大潜力。同时,这一趋势促使中年人群加速适应并融入数字经济环境,其接纳与应用数字技术的能力不断提升,进一步拓宽了中年劳动力的职业发展空间。

(2)数字经济在缓解老龄化社会面临的劳动力短缺问题上扮演了关键角色,通过提升劳动参与率,特别是促进老年人再就业,为积极老龄化战略提供了有力支撑。随着数字经济对就业市场年龄限制的逐渐淡化,越来越多有意愿且具备工作能力的退休人员,特别是低龄老年人,得以借助互联网平台实现再就业。他们不仅能够在数字经济领域中发挥经验优势,通过多元化的就业形式继续贡献社会,实现个人价值的再延伸,同时也有效减轻了社会的养老压力,促进了代际间的资源优化配置与社会经济的可持续发展。因此,数字经济在推动劳动力市场年龄结构优化的过程中,展现出了其作为社会经济发展重要驱动力的积极面向。

4. 对劳动力性别结构的影响

数字经济在重塑劳动力市场的过程中,其性别维度的效应不容忽视,展现出一系列积极且深远的影响。

一方面,数字经济通过创新服务形态与消费模式,如网络购物、在线支付等,有效缩减了家务劳动对女性时间的占用,使得女性能够释放更多精力投入职场,进而提升了女性的劳动参与率。这一转变不仅挑战了传统性别角色分工,还促进了性别平等的进程。同时,数字经济催生的多样化灵活就业形式,如网络直播等,往往淡化了性别界限,为女性提供了更多就业机会,特别是在某些行业中,女性因其独特的优势而更加突出,这在一定程度上削弱了劳动力市场中的性别歧视现象。

另一方面，数字经济通过促进教育普及与技术进步，成为推动女性人力资本积累的关键因素。技术进步提高了教育资源的可及性，促进了女性入学率的提升及教育程度的深化，而教育则是女性增强劳动力市场竞争力、提高劳动参与率的重要基石。研究表明，互联网技术的使用不仅直接提升了女性的劳动供给，还通过减少家务时间、促进网络学习及商业活动，间接提升了女性的人力资本水平，为其在劳动力市场中获得更广泛的发展空间创造了条件。

此外，自动化技术的推进与工作任务供求结构的转变，亦对性别就业结构产生了深远影响。自动化技术的发展虽可能导致某些岗位的替代，但同时也为非程序化、创造性工作提供了发展空间，而这些领域往往女性更具优势。因此，技术进步在调整就业结构的过程中，也为缩小性别间工资差距提供了契机，进一步促进了性别平等与就业公平。

（三）数字经济下的就业形态创新

"数字经济的蓬勃发展为提升我国就业质量带来转机，其提升了信息传输速度、降低了数据处理和交易成本、优化了资源配置等。数字经济的崛起变革了传统产业模式，赋予提升就业质量新动能。"[①] 在数字经济浪潮的推动下，新就业形态作为一种新兴现象，其概念虽在官方文件中初露端倪而尚未明确界定，但已引起学术界的广泛关注与探讨。从生产关系与技术进步的视角出发，新就业形态被普遍视为互联网技术革新与消费模式升级交织下的产物，它超越了传统雇佣关系的框架，依托信息技术的飞跃，实现了就业模式的灵活化转型。这一转型不仅体现在就业领域的拓展与深化，更在于技术手段的革新、就业方式的多样化以及就业观念的革新。

具体而言，新就业形态之"新"，深刻体现在多个维度：一是就业领域的创新性，即随着数字经济与各行各业的深度融合，涌现出诸多前所未有的职业岗位与就业领域；二是技术手段的先进性，互联网、大数据、人工智能等前沿技术的广泛应用，为新就业形态提供了强大的技术支持与驱动力；三是就业方式的灵活

---

① 孙莉莉. 数字经济对就业质量的影响研究 [D]. 济南：中共山东省委党校，2024：14.

性，打破了传统固定工时、固定地点的就业模式，实现了工作与生活边界的模糊化，促进了工作与生活的和谐共生；四是就业观念的转变，鼓励个体发挥创造力与自主性，追求更加多元、个性化的职业路径，体现了新时代下就业观念的开放与包容。

在"大众创业、万众创新"的政策导向下，我国数字经济领域的新就业形态呈现出蓬勃发展的态势，涵盖了从平台经济、共享经济到零工经济等多种类型。这些新就业形态不仅丰富了劳动力市场的供给结构，也为个体提供了更多元化的就业选择与职业发展空间，对于促进经济转型升级、缓解就业压力、激发市场活力等方面均具有重要意义。因此，深入研究数字经济下的新就业形态，探索其内在规律与发展趋势，对于推动经济社会高质量发展具有重要的理论价值与实践意义。

1. 数字经济下的灵活就业创新

以互联网新业态平台为代表的就业场景，使得就业变得更加灵活，这种灵活性主要表现在以下几个方面。一是工作时间更加灵活，在互联网新业态平台下，劳动者可以利用碎片化时间提供服务，自由选择登录平台 App 的时间，自主决定服务时间长短；二是工作场所更加灵活，在互联网新业态平台下，劳动者一般不在企业固定场所办公，只要有一台互联网终端就能开展工作，这使得工作区域的选择更具灵活性；三是岗位进入更加灵活，在互联网新业态平台下，大多数企业并不限制劳动者同时在其他平台渠道提供劳务服务，通常也不审查其是否与其他平台或企业存在劳动关系，只要满足相关技能和服务的基本条件，就可以与一个平台签订服务协议，这极大降低了进入门槛；四是退出机制更为灵活，在互联网新业态平台下，劳动者对企业组织依附性较弱，其流动更为自由，离开互联网新业态平台无须提前告知或征得同意，一般只要不登录 App 程序或卸载 App 即可。

2. 数字经济下的自主就业创新

在数字经济背景下，劳动力市场上出现了大量的自由职业者和多重职业者，劳动者就业的自主性得到了很大的提升。根据工作机会来源的不同可以将自由职业者分为三种：①依托于某个专业领域、细分市场的自由职业者，这类就业人员一般智力以及技术水平较高，业内资源较丰富，工作条件和收入水平相对较高；

②依托于分享经济平台的自由职业者，可细分为服务众包就业和按需服务就业两种，他们摆脱工厂、企业、事务所等组织机构的束缚，只需通过虚拟平台就可以与市场相连接，整合并提供闲置资源，提高供求对接效率，实现个体的市场价值；③依托于社群经济的自由职业者，即在依兴趣、职业等组成的交流分享圈子中，利用社群成员的信任与分享来获得收益的就业模式。多重职业者指非单一职业就业人员，根据涉及职业数量和是否存在主次区分可以分为两种情形：①兼职者，多指拥有一份主职工作的同时，利用线上供求对接平台或信息渠道而拥有第二份工作或者在工作周期内从事第二次劳动的人；②选择一种能够拥有多重职业和多重身份的多元生活，也被称为"斜杠青年"。他们的多重职业中没有截然的主次之分，常常在多个工作机会、就业身份甚至是就业者和创业者之间转换。

随着自由职业者和多重职业者占比上升，市场对高技能劳动力的需求增加。拥有一定知识、技术的高技能人才随身携带知识技能资本，可以得到更自主的工作环境，更自由地发挥自己的才能，实现自我价值的追求。但是，一些低技术工作仍然存在巨大的需求，就业市场中存在技能需求两极化的特征。对于低技能或无技能的群体，在互联网新业态平台中也享有相当的自主权，他们可以自主选择是否承接工作任务，而由于岗位进入退出的灵活性，劳动者对平台的依附性也比较弱，使得人员流动更具自主性。

3. 数字经济下的创新创业创新

数字经济为创新创业提供了广阔的空间、高效的途径，甚至还淡化了就业和创业的界限，催生了通过自找项目、自筹资金、自主经营、自担风险的方式实现就业的创业式就业形态。这种新的就业形态，主要包括互联网平台创业和创新式就业两种类型。网店店主是互联网平台创业的典型代表。得益于技术、资本和物流等创业门槛的降低，在互联网平台创业成为年轻人创业的首选，同时也是就业的首选。创新式就业则是指以机会型创业为就业方式，追求创意和创新，创业群体的所创事业处于酝酿、孵化、未进行工商注册登记的情形，代表人群为"创客"。创新式就业所从事的活动具有创新性和引领性，就业地点主要集中于各类创业孵化空间和孵化平台，部分企业内部也出现了基于企业平台的创业就业模式，如海尔的海创汇和腾讯的众创空间。面对拥有上亿消费者的市场，我国的创新创业存在无限的可能。在创新创业的群体中，不仅有很多大学生，也有许多农村青年，甚至还有残疾人等困难群体，这对提高我国的劳动参与率也有一定的贡献。而在我国"大众创业、万众创新"战略的驱动下，未来创新创业的愿景将会更加可期。

（四）数字经济发展过程中劳动力市场的挑战

1. 产业间及产业内部就业的迅速变化

数字经济的发展正以前所未有的速度重塑着产业间的就业格局，深刻影响着各产业内部劳动力市场的动态变化，这一进程与凯恩斯关于技术进步对就业影响的预见不谋而合。在农业领域，数字化转型的浪潮显著提升了农业生产效率与规模，但同时也引发了劳动力市场的深刻变革。物联网、虚拟农业等技术的广泛应用，促使农业向技术密集型转变，对劳动力的需求从数量转向质量，即更侧重于掌握数字化农业管理技能的新型农民。这一转变不仅释放了低技能劳动力，还加剧了农村劳动力市场供需的结构性矛盾，尤其是老年与女性劳动力的就业挑战更为突出，凸显了农业部门数字化转型中的人力资本适配问题。

工业部门同样经历着由传统制造向智能制造的深刻转型。数字化与智能化的深度融合，催生了智能工厂与智能制造的新模式，显著降低了对简单重复劳动力的依赖，同时增强了对高技能劳动力的需求。工业机器人等智能经济体的广泛应用，不仅重塑了生产流程，还加剧了劳动力市场的分化，一方面减少了低技能岗位，另一方面则催生了新的技术型岗位。这一过程虽短期内可能导致就业岗位总量的波动，但从长远看，它推动了人力资本结构的优化升级，促进了劳动力市场的供需再平衡。

服务业作为数字经济的重要应用领域，其就业市场亦展现出智能化、数字化的新趋势。尽管起步较晚，但服务业正加速融入数字技术，为劳动者提供了更广阔的就业空间。特别是那些能够熟练运用互联网、网络平台等工具的劳动者，其就业前景更为乐观。尽管短期内部分重复性岗位可能面临被替代的风险，但服务业数字化转型的长期效应将是就业需求的持续增长，进一步激发劳动力市场的活力。

2. 城乡间的数字鸿沟和区域间的劳动力流动

从区域角度来看，我国各地区的数字经济规模都呈稳定增长的趋势，但数字人才分布最多的地区仍主要集中在东部沿海地区，且西部地区与东部沿海地区的差距在不断扩大。随着东部沿海地区数字经济的快速增长，逐渐形成了数字经济集聚现象，不断推动了东部沿海地区的技术创新、产业协同、城市共融和制度创新，从而进一步促进了该地区发挥集聚效应、分工效应、协作效应和规模效应。未来，东部沿海地区将成为数字经济发展的主要核心地带，也必将引起劳动力特别是高技能劳动力的跨区域流动和聚集。

由于数字技术的发展依托于当地的基础设施和人才储备，而在这两方面，城市和农村之间存在着显著差距，因而伴随着数字经济的发展逐渐形成了城乡数字鸿沟。所谓的城乡数字鸿沟，是指由于城市居民和农村居民在拥有和使用技术方面的差距所造成的信息资源配置的差距，即城市的信息基础设施相对完善，信息技术得以在城市广泛应用，农村居民利用信息资源的机会显著低于城市居民，这使得农村居民的数字技能一直处于较低的状态。这一方面对农业部门数字化普及和应用起到了阻碍作用；另一方面，即使农业部门实现了数字化进程，也缺乏与之相匹配的技能劳动力，导致了劳动力市场供需结构矛盾问题的加剧。再加之城市内部的产业部门不断实现产业转型升级，对劳动力的素质要求不断提高，因而农村的剩余劳动力将很难在城市里找到适宜的工作，加剧劳动力市场的结构性失衡，这将进一步拉大城乡间的收入差距，造成未来城乡数字鸿沟的加深。

3. 数字技术人才的供需失衡

在当前数字经济迅猛发展的背景下，数字技术人才已成为推动产业升级与经济增长的核心要素。

数字经济的发展不仅要求人才数量的增加，更强调人才质量的提升。随着各行业数字化转型的深入，对具备高度专业技能和创新能力的数字人才需求急剧上升。然而，我国劳动力市场在数字人才配置方面却呈现出显著的供需失衡状态，主要表现为高技能数字人才的稀缺与低技能劳动力相对过剩的结构性矛盾。这种失衡状况严重制约了数字经济的持续健康发展，同时也加剧了劳动力市场的不平等现象。

深入剖析这一问题的根源，可以发现我国教育体系在培养数字技术人才方面尚存在诸多不足。传统教育模式往往侧重于理论知识传授，而忽视了对学生实践能力和创新思维的培养，难以适应数字经济时代对高技能人才的多元化需求。此外，数字技术的快速迭代也对人才培养提出了更高的要求，而现有教育体系在课程内容、教学方法及师资力量等方面均面临更新换代的挑战。

因此，为有效缓解数字技术人才供需失衡的问题，需从多个维度出发，构建适应数字经济时代需求的人才培养体系。一方面，应深化教育改革，加强数字技能教育与实践能力培养的融合，推动教育内容与数字技术发展的同步更新；另一方面，应加大对数字技术研发与创新的支持力度，吸引更多优秀人才投身数字领域，同时加强国际合作与交流，引进国际先进教育理念和技术资源，提升我国数字技术人才的整体竞争力。通过这些措施的实施，有望为我国数字经济的蓬勃发展提供坚实的人才支撑。

4. 就业的替代和创造

在数字经济时代，就业市场的变革呈现出复杂性，其中就业的替代与创造效应并存。技术进步，尤其是自动化和智能化技术的发展，对劳动力市场产生了深远的影响。一方面，数字经济的发展加速了对简单、重复性和程式化工作任务劳动者的替代，特别是对中低技能劳动者的需求减少，这使得他们面临更大的就业风险。性别角度的分析也表明，由于女性在计算机相关领域就业人数占比较低，而未来信息技术领域的工作岗位更不容易被替代，女性在就业市场上可能面临更大的风险。

然而，数字经济同时也创造了新的就业形态和岗位。技术进步带来的经济规模扩大，增加了对高技能劳动力特别是数字技能劳动力的需求。这些新兴的工作岗位主要集中在使用数字技术完成复杂任务的领域，如研发、应用数字技术，以及监测、授权和维修数字技术系统等，这些岗位往往具有创造性特征，并与数字技术深度融合。

数字经济对就业的替代效应和创造效应在不同地区、不同产业和不同人群中的影响存在差异。数字经济的发展催生了大量灵活就业人员和多种新就业形态，为保障城乡劳动力就业创业提供了更大的发展空间。但同时，对劳动密集型产业、非技能密集型产业等领域形成了一定的负面影响。

此外，数字经济的发展也改变了组织的架构形态与管理模式，促进了资源要素的快速流动和市场主体的加速融合，企业边界被不断突破。这导致了新的劳动方式和就业形态的出现，如远程办公、在线会议等，为不同群体提供了更为多元包容的劳动机会。

在应对这些变革时，需要政策制定者、教育机构和企业共同努力，通过改革教育体系、优化人才培养机制、推动产业升级等措施，以实现劳动力市场的供需平衡，并促进数字经济的健康发展。同时，也需要关注数字经济时代劳动制度的创新，以及社会保障制度的改革，确保新就业形态劳动者的权益得到保障。

5. 就业的极化效应

数字经济时代，就业的极化效应也是需要我们关注的一个现象。数字经济中，全球劳动力市场变化趋势之一是就业岗位两极化现象，即高技能与低技能岗位的就业比例提高，而中等技能岗位的就业率下降，中等技能岗位逐渐被分离并退出劳动力市场。在数字经济时代，伴随着劳动力成本的不断上升，中等技能劳动者会被最先替代，根据成本收益分析，中等技能劳动者被替代后的收益较高，能够弥补数字技术投入所带来的成本，且在技术上具有可行性，因而将被首先替代。因此，数字经济时代，劳动力市场的两极化趋势会愈发明显。

同时，劳动力市场的极化效应会造成劳动者内部收入差距的拉大，原因在于原有的中等收入劳动者会向高收入工作岗位和低收入工作岗位转移。在数字经济时代，高收入的工作岗位存在着技术性门槛，因而只有较少数的劳动者可以在短期通过再培训到达高收入工作岗位，更多的劳动者则转向了低收入工作岗位，从事相关低技能工作，从而拉大了劳动者之间的收入差距。另外，从短期来看，大多数中等技能劳动力主要转向易标准化的低技能劳动力所从事的工作岗位，这又造成了劳动力市场的挤压效应，使得大量原有的低技能劳动者丧失了工作岗位，因而加剧了劳动力市场的失业现象。

(五) 数字经济发展给未来劳动力市场带来的机遇

1. 数字经济驱动经济动能转换与劳动力市场效率提升

当前数字经济的发展和应用正从需求端向供给端过渡，数字技术的应用首先集中在消费、社交、出行、通信和支付等多个方面，从而积累了大量的用户数据，为数字技术进一步研发提供了充足的数据来源，进而推进了互联网、物联网、大数据等技术在经济社会的广泛应用，从而拉动了此类技术性企业就业量增长，创造了许多新型就业岗位，增加了就业需求，带动了劳动力市场的就业量。随着数字经济逐渐向供给端方向发展，未来将实现数字技术和传统经济行业之间的融合发展，带动产业结构的优化升级，使得制造业、医疗卫生行业等传统行业具有巨大的发展空间和发展潜力。未来，此类与数字技术相结合的传统行业将成为带动劳动力市场就业的核心力量。

未来数字经济的发展将会进一步赋能劳动力市场，使劳动力市场变得更有效率、更具生产力。数字经济的应用也将会推动传统经济转型升级，并与传统经济相结合产生新产业、新业态和新模式，从而提高企业的生产效率，扩大企业的生产规模，提高劳动力市场的就业水平。另外，数字技术的广泛应用和发展，也将创造更多高技能和创意性工作岗位，带来技能偏向型技术进步，从而提高了技能型就业人数的比例，有利于劳动生产率的提高。这都将进一步促进劳动力市场的结构性调整，提高劳动力市场的配置效率，实现人口红利向人才红利的转变。

2. 数字经济发展打破劳动力市场时间和空间限制

数字经济时代，劳动力市场的传统雇佣关系将产生深刻的变化，经济主体可以摆脱时间和空间的限制，进一步提高劳动力的配置效率和劳动生产率。在就业选择方面，劳动者的就业机会不断增加，创业和就业边界不仅局限于物理边界，还可以拓展到数字化平台，形成基于平台化的创业和就业途径。随着互联网技术的不断成熟，数字平台的搭建不断完善，除了拓宽了创业和就业方式外，还降低了传统劳动力市场资源匹配和供求关系之间的信息不对称现象，更加高效地配置劳动力资源，降低了劳动力供求双方的搜寻成本和信息成本，使得双方的交易变得更加便利化、规范化和透明化，甚至可以帮助一些因产业结构调整而失业的劳动力再就业。

在就业形式方面，劳动者的就业形式变得更加多样化，劳动者的工作岗位职责变得更加明确，技能水平也随之提高。而且可以实现弹性就业，工作场所不再受限，就业者和组织单位可以实现在空间上的分离，原有的在雇主场所工作的形式逐步变为分散化办公，其中包括在家办公、在线办公等，这极大地增加了就业岗位数量，丰富了劳动力市场的就业形态。另外，年轻一代的劳动者就业观念变得更加利益化，通过灵活的就业形式，他们会选择通过技能学习、培训以及跳槽实现晋升和工作收入的提高。

在就业时间规划上，传统的工作时长是八小时，工作模式是固定时间的上下班，但随着数字经济时代的到来，劳动者和企业所考虑的主要是利益最大化，因而更加看重工作效率而不是工作时间。因此，未来的工作时间长度将会被缩短，并且工作时间将会变得更加弹性，个人具有更加灵活的工作时间配置，从而在最大限度上实现各经济主体的利益最大化，促进经济的快速发展。

在就业群体分布上，数字经济对就业时间和空间限制的打破，可以在一定程度上降低性别就业差距，增加女性就业机会，女性可以通过灵活选择工作场所实现就业，从而提高了女性的劳动参与率，降低了地区间的就业差距，使得地理位置相对偏远地区的劳动力可以通过平台获得就业机会，从而增加了劳动力市场整体的劳动参与率。

在企业管理方面，数字经济的发展改变了原有企业的管理方式，企业组织的平台化使得劳工间原有的雇佣关系和雇佣形式发生了深刻变化，打破了原有相对封闭的雇佣状态，企业招募人才的方式不断多样化。数字技术的应用更是简化了招聘流程、提高了招聘效率，通过互联网等数字平台，缩短了企业与人才之间的距离。同时，企业开始利用平台变身为平台化企业，可以主要从事一些工作关系和合作关系的任务，包括劳务派遣、人才租赁、人力资源与组织合作等，从而实现多方利益集体的利润最大化。

3. 数字经济与人口老龄化

随着社会生产力的不断发展、医疗卫生条件的改善，越来越多的国家迈入老龄化社会。随着老年人口越来越多，适龄劳动力也会逐渐越少，劳动力成本将逐步上升，因此国家的生产和经济的发展都会受到青壮年劳动力不足的影响。数字经济的发展为缓解人口老龄化造成的劳动力短缺问题提供了现实可行的解决方案，人口老龄化又在一定程度上推动了数字经济的发展。一方面，在国家劳动力总量增长受到制约的背景下，如果要维持经济的增长，必须要依赖数字技术的进步以替代那些离开劳动力队伍或支持辅助老龄工人继续做体力劳动；另一方面，随着社会中老年人口比重的上升，数字技术或将能够解决因老年人口增长，护工、养老机构等养老资源匮乏所带来的养老服务供需问题，这将产生巨大的养老消费与服务市场，进一步推动数字经济的发展。

在数字经济时代，企业只有通过转型升级，加速数字技术的应用，进而实现对中低技能劳动力的替代，降低企业劳动力要素成本，来迎接老龄化社会的挑战。同时，虽然我国人口年龄结构不断老化，但凭借着庞大的人口基数、丰富的数据资源和广阔的消费市场潜力，包括庞大的老年消费市场，为我们进一步发展数字技术和数字经济提供了广阔的市场需求和发展空间。我国企业应以此为契机来加快数字产业的发展速度，推动智慧医疗、智慧城市、智慧教育等数字技术的应用，以更好地迎接老龄化社会的挑战。

第四节 数字化对产业绩效的影响

数字化对产业绩效的深远影响，已成为当代产业经济学研究的核心议题之一。在这一背景下，产业绩效的内涵得到了丰富与拓展，不再仅仅局限于传统的价格、成本、利润等经济指标，而是涵盖了技术创新速度、产品迭代能力、市场响应灵敏度以及资源配置效率等多维度表现。数字化作为一股不可忽视的力量，正以前所未有的方式重塑产业结构、激发企业行为创新，并深刻影响着产业绩效的全面提升。

数字化技术通过促进信息的高效流通与深度整合，显著改变了产业结构的动态特征。它降低了市场准入门槛，促进了新兴企业的快速崛起，同时也加速了传统企业的转型升级，形成了更加多元、开放的竞争格局。这种结构性的变化，不仅增强了市场的竞争活力，还为企业提供了更多差异化发展的机会，从而促进了产业整体绩效的提升。

在企业行为层面，数字化技术成为企业应对市场变化、实现转型升级的关键驱动力。企业通过采用先进的数字化管理工具、优化运营流程、构建智能供应链体系等手段，显著提高了管理效率、组织效率和资源配置效率。同时，数字化还促进了企业间的协同创新，打破了传统组织边界，形成了基于平台的开放式创新生态，进一步加速了技术创新与产品迭代的步伐。"当数字化转型或技术创新水平较高时，数字化转型对企业绩效的作用更大。"[①] 数字经济中产业融合对产业绩效的作用主要体现在以下三个方面。

一、降低成本，提高经济效益

在数字经济浪潮的推动下，产业融合正以前所未有的速度和规模重塑着全球经济格局。这一进程通过构建广泛而深入的共享平台与通用资源体系，实现了资源的高效配置与循环利用，为企业降低成本、提高经济效益开辟了新路径。

（一）静态成本的显著降低

在数字经济时代，企业不再需要各自为政地建设独立的基础设施和技术平台，而是可以依托共享平台实现资源的集约利用。例如，云计算、大数据中心等基础设施的共享，使得企业能够以极低的成本获得强大的数据处理和存储能力，避免了高昂的硬件投资和运维成本。同时，技术平台的共享也促进了技术的快速迭代与普及，减少了企业在技术研发上的重复投入。这种资源共享的模式，如同为众多企业搭建了一座座"技术桥梁"，使得它们能够轻松跨越技术门槛，快速进入市场，从而降低了单位平均成本。

（二）动态成本的优化与效率提升

动态成本的优化则体现在资源的投入产出效率上。随着通用技术的深度融合

---

① 俞立平，张矿伟，吴昱. 数字化转型、技术创新与高技术产业绩效［J］. 南京航空航天大学学报（社会科学版），2024，26（02）：18.

与广泛应用，如人工智能、物联网等技术的普及，企业能够以前所未有的精度和效率进行生产管理。这些技术不仅能够提高生产线的自动化水平，减少人力成本，还能通过数据分析和预测，优化生产流程，减少浪费，提高资源利用效率。此外，通用技术的普及还促进了生产可能性边界的扩张，企业能够在更广阔的领域内探索新的生产方式和商业模式，从而实现生产扩张与技术创新的双重飞跃。

(三) 市场结构优化与交易成本降低

产业融合还深刻改变了市场结构，推动了市场结构的优化与升级。一方面，通过减少中间环节，缩短生产与消费之间的距离，产业融合使得市场更加透明、高效。消费者能够直接接触到生产者，了解产品的真实成本和价值，从而做出更加理性的购买决策。同时，生产者也能更准确地把握市场需求变化，及时调整生产策略，减少库存积压和市场风险。另一方面，产业融合还促进了内生性交易成本与外生性交易成本的降低。通过构建信任机制和标准化体系，企业之间的合作更加顺畅，减少了因信息不对称和信任缺失而产生的交易成本。这种"去中介化"趋势不仅提高了市场运行效率，还为企业创造了更多的利润空间。

二、**优化供需结构，激发市场活力**

产业融合在供给侧与需求侧同时发力，形成了双轮驱动的强劲动力，极大地激发了市场活力。

(一) 供给侧的革新与升级

在供给侧，产业融合催生了大量新产品、新业态和新模式。这些创新成果不仅丰富了市场供给，还通过供给引致效应激发了新的消费需求。例如，智能家居、可穿戴设备等新兴产品的出现，不仅改变了人们的生活方式，还带动了相关产业链的发展。同时，产品的模块化与定制化趋势也日益明显。企业可以根据消费者的个性化需求进行定制化生产，提高了生产的灵活性和适应性。这种生产方式不仅降低了成本，还满足了消费者对产品差异化、个性化的追求，增强了市场竞争力。

（二）需求侧的升级与拓展

在需求侧，个性化、定制化的创新产品极大地提升了消费者的满意度和忠诚度。随着生活水平的提高和消费观念的转变，消费者对产品的需求不再仅仅停留在基本的功能性需求上，而是更加注重产品的个性化、情感化价值。产业融合正是抓住了这一趋势，通过提供定制化、个性化的产品和服务来满足消费者的多元化需求。这种需求侧的升级不仅提高了产品的市场竞争力，还为企业带来了更为广阔的发展空间。

（三）供需互动的良性循环

产业融合还促进了供需之间的良性互动。一方面，供给侧的创新成果激发了新的消费需求；另一方面，需求侧的变化又反过来引导供给侧的进一步创新。这种供需互动的良性循环不仅推动了市场的持续繁荣和发展，还促进了产业结构的优化和升级。

三、提升技术水平与管理效能，促进产业协同

（一）技术创新引领产业升级

在数字经济时代，技术创新是推动产业升级的核心动力。产业融合不仅仅是不同产业间的简单相加，更是技术、知识、资本等要素的深度整合与重构。通过融合，企业能够跨越传统产业的界限，引入并应用最新的科技成果，推动生产方式的根本性变革。例如，智能制造、工业互联网等技术的应用，使得生产过程更加智能化、灵活化，不仅提高了生产效率，还实现了生产过程的可视化、可追溯，为企业的精细化管理提供了有力支持。

此外，技术创新还促进了产品的迭代升级和服务的优化创新。企业可以利用大数据、人工智能等技术，深入分析消费者需求和行为模式，精准定位市场，开发出更加符合消费者需求的产品和服务。这种以消费者为中心的创新模式，不仅提升了产品的市场竞争力，还增强了企业的品牌影响力和用户黏性。

(二) 管理效能的飞跃：智能化与精细化

管理效能的提升是产业融合带来的另一大变革。在数字经济背景下，企业管理的智能化和精细化成为必然趋势。通过引入先进的管理信息系统和智能决策支持系统，企业能够实现生产流程的自动化、管理决策的智能化，从而大大提高管理效率和决策质量。

智能化管理系统的应用，使得企业能够实时监控生产进度、库存状况、设备运行状态等关键指标，及时发现问题并采取措施解决。同时，系统还能根据历史数据和实时信息，进行智能预测和规划，为企业制定科学合理的生产计划和市场策略提供有力支持。这种精细化管理模式，不仅降低了企业的运营成本，还提高了企业的市场响应速度和抗风险能力。

(三) 产业协同：构建共生共荣的生态系统

产业融合促进了产业间的关联度和协调度，推动了产业生态系统的构建。在这个生态系统中，不同产业之间形成了紧密的合作关系，共同推动产业的协同发展。通过资源共享、优势互补、协同创新等方式，企业能够实现互利共赢、共同发展。

一方面，产业协同降低了企业间的交易成本和信息不对称程度。在生态系统中，企业之间建立了稳定的合作关系和信任机制，减少了因信息不对称而产生的风险和成本。同时，企业还可以通过共享资源、联合研发等方式，降低创新成本和风险，提高创新效率和质量。

另一方面，产业协同还促进了知识的交流和技术的扩散。在生态系统中，不同产业之间的知识和技术交流更加频繁和深入，推动了知识的积累和技术的创新。这种知识溢出效应不仅提升了整个生态系统的技术水平和管理效能，还为企业带来了更多的发展机遇和市场空间。

(四) 人才培养与知识创新：持续发展的动力源泉

产业融合和数字化转型对人才的需求也提出了新的要求。企业需要具备跨界思维、创新能力、数字技能等综合素质的人才来支撑其持续发展。因此,人才培养和知识创新成为产业融合过程中的重要环节。

企业可以通过与高校、科研机构等合作,建立产学研用协同创新机制,共同培养符合市场需求的高素质人才。同时,企业还可以建立内部培训体系,提升员工的数字技能和创新能力,使其能够更好地适应数字化转型和产业融合的需求。

此外,企业还应注重知识创新和知识产权保护。通过加大研发投入、建立创新激励机制等方式,激发员工的创新热情和创造力,推动企业在核心技术、产品设计、服务模式等方面的持续创新。同时,企业还应加强知识产权保护意识,建立健全的知识产权管理制度和维权机制,保护企业的创新成果和核心竞争力。

第三章　数字经济与产业升级的思考

第一节　数字经济对产业升级的影响

"随着数字技术的加速发展，各产业积极利用数字技术谋求新发展方向，并对企业自身进行优化和升级，有效推动产品创新，实现企业数字化转型。"[①] 目前，随着数字化应用场景不断增多，对传统产业也提出了新挑战，数字化生产模式和经营模式都需要相应人才队伍建设和管理理念的转变，实现传统产业的数字化转型升级成为产业发展的核心问题。

一、数字经济对产业升级的积极作用

随着科技的飞速发展，数字经济已成为推动产业升级的重要力量。数字经济通过提高生产效率、优化供应链管理和拓展市场营销渠道等方式，对产业升级起到了积极的推动作用。

（一）提高生产效率

数字经济通过引入自动化与智能化生产线、实时数据监控与优化生产流程，以及实现个性化定制与柔性生产模式，显著提高了生产效率。

1. 自动化和智能化生产线的应用

在数字经济时代，越来越多的企业开始引入自动化与智能化生产线，以减少人工干预，提高生产效率。例如，在汽车制造业中，通过采用机器人和自动化设备，可以实现零部件的自动搬运、组装和检测，大大缩短了生产周期，并降低了

---

① 赵京龙. 数字经济推动产业转型升级的机制、问题与对策研究[J]. 海峡科技与产业，2023，36（11）：49.

生产成本。

2. 实时数据监控和优化生产流程

借助物联网技术，企业可以实时监控生产过程中的各种数据，如设备状态、生产进度、产品质量等。通过对这些数据的分析，企业可以及时发现生产过程中的问题，并进行相应的优化。例如，在半导体行业中，通过实时监控生产设备的运行状态，可以预测设备的维护需求，从而避免意外停机，确保生产的连续性和稳定性。

3. 个性化定制和柔性生产模式的实现

数字经济还推动了个性化定制和柔性生产模式的发展。消费者可以根据自己的喜好和需求，定制个性化的产品。企业则可以根据订单需求，灵活调整生产线，实现多品种、小批量地生产。例如，在服装行业，一些品牌开始提供定制服务，消费者可以选择面料、款式、尺寸等，企业则根据消费者的需求进行生产，既满足了消费者的个性化需求，又提高了生产效率。

（二）优化供应链管理

数字经济通过引入物联网技术、推动供应链金融创新，以及利用区块链技术提升供应链透明度，从而优化了供应链管理。

1. 物联网技术在物流管理中的应用

物联网技术的引入，使得企业可以实时监控货物的位置、温度、湿度等信息，确保货物在运输过程中的安全和完整性。例如，在冷链物流中，通过物联网技术可以实时监测货物的温度，确保食品、药品等敏感商品的质量。

2. 供应链金融的创新和发展

数字经济还推动了供应链金融的创新与发展。借助大数据和人工智能技术，金融机构可以更准确地评估企业的信用状况，为企业提供更加便捷的融资服务。这不仅缓解了企业的资金压力，还促进了供应链的稳定运行。

3. 区块链技术增加供应链透明度

区块链技术的引入，使得供应链中的每一笔交易都可以被记录和验证，大大提高了供应链的透明度。这有助于减少欺诈和假冒伪劣产品的出现，保护消费者的权益。例如，在食品行业，通过区块链技术可以追溯食品的来源和流向，确保食品的安全性和可追溯性。

（三）拓展市场营销渠道

数字经济通过电子商务平台的崛起、社交媒体营销的新模式以及大数据驱动的精准营销策略，拓展了市场营销渠道。

1. 电子商务平台的崛起和影响

电子商务平台的崛起为企业提供了更广阔的市场空间。通过电子商务平台，企业可以触达更多的潜在消费者，实现产品的快速销售和品牌推广。例如，许多传统企业开始入驻天猫、京东等电商平台，通过线上销售拓宽了市场份额。

2. 社交媒体营销的新模式

社交媒体营销成为企业营销的新模式。通过微信、微博等社交媒体平台，企业可以与消费者进行更直接的互动，提高品牌知名度和用户黏性。例如，许多品牌通过社交媒体发布新品信息、促销活动等，吸引了大量用户的关注和参与。

3. 大数据技术的精准营销策略

大数据技术的应用已经深入到了企业的市场营销领域，其强大的数据处理和分析能力使得企业可以更加精准地洞察消费者的购买行为和偏好。通过收集并分析消费者的购物数据，企业能够制定出更为个性化的营销策略，从而更有效地吸引和留住客户。例如，众多电商平台纷纷运用大数据技术，深入挖掘消费者的购物行为数据，进而精准地为用户推荐他们可能感兴趣的商品和服务。这种个性化的推荐不仅提升了销售额，更重要的是，它大大提高了用户满意度，增强了客户黏性，为企业的长远发展奠定了坚实基础。

二、数字经济对产业升级的深层次影响

在数字经济高速发展的时代背景下，产业升级已成为不可避免的趋势。数字经济不仅改变了传统产业格局，更在深层次上对社会经济产生了广泛而深远的影

响。下面将从产业结构、就业结构以及社会经济发展三个方面,深入探讨数字经济对产业升级的深层次影响。

(一) 对产业结构的影响

1. 传统产业的衰退和新兴产业的崛起

随着数字技术的飞速发展,传统产业面临着前所未有的挑战。一方面,那些无法适应数字化转型的企业逐渐衰退,甚至被淘汰出局。以零售业为例,传统实体店在电子商务的冲击下,纷纷关门倒闭。另一方面,新兴产业如大数据、云计算、人工智能等却如雨后春笋般崛起,成为经济增长的新引擎。

在这一过程中,产业链也在发生着重构。数字技术的应用使得产业链更加智能化、高效化,同时也改变了价值分配的模式。数据成为新的生产要素,掌握数据资源的企业在产业链中占据了更有利的地位。

2. 产业链的重构和价值分配的变化

数字经济的兴起使得产业链的价值分配发生了显著变化。在传统的产业链中,生产制造环节往往占据主导地位,而在数字经济时代,研发设计、品牌营销和服务等环节的价值逐渐凸显。这是因为数字技术能够提升这些环节的效率和质量,从而为企业创造更大的价值。

以智能手机产业为例,随着技术的不断进步和市场竞争的加剧,智能手机的制造成本逐渐降低,而研发设计、品牌营销和服务等环节的价值却不断提升。因此,掌握这些环节的企业在产业链中获得了更大的话语权。

(二) 对就业结构的影响

1. 新兴职业的出现和传统职业的消失

数字经济的崛起不仅改变了产业结构,也对就业结构产生了深远影响。一方面,新兴职业如数据分析师、网络营销师等应运而生,为就业市场注入了新的活力。这些职业要求从业者具备数字技术和创新思维等能力,以适应数字经济时代的发展需求。另一方面,一些传统职业如打字员、电话接线员等逐渐消失。这是因为数字技术能够更高效地完成这些工作，从而减少了对人力资源的需求。这种变化要求劳动者不断提升自身技能以适应新的就业市场。

2. 劳动力市场的变革和职业培训的重要性

面对数字经济带来的就业市场变革，职业培训显得尤为重要。通过职业培训，劳动者可以掌握新的技能和知识，提高自身的竞争力。同时，职业培训也有助于缓解结构性失业问题，促进劳动力市场的平稳过渡。

政府和企业应加大对职业培训的投入力度，建立完善的培训体系，为劳动者提供多样化的培训课程和实践机会。这将有助于培养适应数字经济时代需求的高素质人才，推动经济社会的持续发展。

（三）对社会经济发展的影响

1. 经济增长点的转移和新动能的培育

数字经济正成为新的经济增长点。随着传统产业的逐步衰退和新兴产业的崛起，经济增长的动力正在发生转移。数字经济以数据为核心资源，通过技术创新和模式创新推动产业升级和效率提升，为经济增长注入了新的活力。

为了培育新动能，政府和企业需要加大对数字经济的投入和支持力度。一方面，政府可以通过提供政策支持和资金扶持等措施来促进数字经济的快速发展；另一方面，企业也应积极探索数字化转型的路径和模式，以适应新的市场环境。

2. 数字经济对国际贸易格局的深远影响

数字经济的兴起也对国际贸易格局产生了深远影响。首先，数字技术的应用降低了跨境贸易的成本和门槛，使得更多的中小企业能够参与到国际贸易中来。其次，数字经济推动了服务贸易的快速发展，如云计算、大数据等服务逐渐成为贸易的重要组成部分。最后，数字经济也加剧了国际贸易的竞争和合作，各国都在积极抢占数字经济发展的制高点。

面对数字经济带来的挑战和机遇，各国需要加强合作与交流，共同推动数字经济的健康发展。同时，政府和企业也应加强自身能力建设，提高在国际贸易中的竞争力和影响力。

第二节 数字经济下产业升级的总体格局

一、数字经济的产业化发展

数字经济产业化,即为基础型数字经济。数字经济凭借其本身技术不断发展与需求特性,在近些年拓展出了新的业务形态,逐渐形成固定的产业链。基础型数字经济发展至今,产业技术与产业模式已经相对稳定成熟,其中包括电子信息制造业、电信业、软件和信息技术服务业以及互联网四个产业。

(一) 电子信息制造业面临挑战

电子信息制造业作为国家经济发展的重要支柱,在经历了一段时期的快速增长后,目前正面临一系列挑战。在技术密集型产业的背景下,电子信息制造业的高质量发展需求日益迫切,而研发周期长、成本高的特点也使得该行业面临发展瓶颈。

行业内部的规模经济红利逐渐减弱,加之外部贸易环境的不确定性,导致部分龙头企业遭受制裁,对整个行业造成了负面影响。然而,国家层面的积极政策支持,如减税措施,为行业注入了新的活力。这些政策不仅增强了企业的研发能力,也鼓励了行业的持续发展,改善了整体的营商环境。

随着5G技术的推广和应用,预计电子信息制造业将迎来新一轮的增长机遇。5G技术的普及将带动对相关设备和产品的大量需求,从而为行业带来新的增长点。此外,集成电路产量的持续增长,以及微型计算机设备、笔记本、显示器等产品的产量提升,均显示出我国数字经济产业化的稳健发展态势。

智能制造和物联网等领域的发展进一步优化了基础性数字经济的产业环境,形成了基础型与新生型数字经济的良性互动,为电子信息制造业注入了新的活力。尽管行业发展过程中存在诸多挑战,但通过不断的技术创新和产业升级,电子信息制造业的优势得以保持,其发展前景依旧广阔。

（二）电信业转型升级

电信业作为信息时代的关键支柱，正处于转型升级的关键时刻。近年来，电信业务收入规模保持稳定，但内部结构正在经历深刻的变革。随着移动互联网的快速发展，尤其是5G技术的推广，电信业的基础设施建设不断完善，通信能力持续增长，这为电信业的转型升级提供了坚实的基础。

在用户通信习惯逐渐改变的背景下，传统的通话业务正逐步被新兴的即时通信工具所取代。数据显示，即时通信用户规模迅速增长，而移动电话通话业务已不再是电信业的主要收入来源。与此同时，移动短信业务量和收入在服务推动下保持增长态势，移动互联网业务已成为电信业务收入的重要组成部分，户均移动互联网接入流量持续增长，反映出数据通信需求的日益增长。

电信用户规模的增长和4G用户的稳步提升，以及固定互联网宽带接入用户的高速发展，尤其是千兆时代的到来，都标志着电信业正在向高速率方向发展。此外，随着物联网需求的增长，电信业的基础设施建设逐渐完善，这不仅为电信业带来了新的生机，也为相关产业的发展提供了动力。

5G技术的商用化为电信业的转型升级提供了新的发展机遇。5G网络的高速率、大容量和低时延特性，为各种新兴应用提供了可能性，如智能家居、智慧城市、自动驾驶、远程医疗等。这些应用的发展将进一步推动电信业的内部结构优化，促使电信企业不断创新服务模式，提升服务质量，以满足市场和用户的需求。

（三）软件和信息技术服务业市场规模扩大收入增长

近年来，我国软件和信息技术服务业展现出强劲的发展态势，其市场规模的迅速扩张与收入的持续增长，已成为推动数字经济蓬勃发展的核心引擎。智能技术的广泛应用与普及，极大地激发了市场对软件产品及服务的需求，促使该行业在业务规模与盈利能力上均实现了显著提升。

在细分领域层面，软件和信息技术服务业展现出多元化与专业化的并行发展趋势。软件产品作为行业基石，其收入稳步增长，特别是工业软件需求的激增，成为推动产业升级的重要力量。信息技术服务领域则凭借云计算、大数据、电子商务平台等新兴技术的崛起，实现了收入的显著增长，其中云服务与大数据服务、电子商务平台技术服务成为新的增长点，共同驱动了技术服务市场的繁荣。信息安全产品与服务作为新兴业态，随着社会对数据保护与隐私安全的日益重视，其市场规模亦不断扩大，反映出行业在保障数字安全方面的重要作用。此外，嵌入式产品作为连接物理世界与数字世界的桥梁，在推动数字化、智能化转型中发挥着不可替代的作用，其收入规模亦持续扩大。

（四）互联网多样性需求正盛

我国互联网及相关服务业正处于蓬勃发展的黄金时期，展现出强劲的增长动力与创新活力，业务收入、利润积累及研发投入均呈现稳步增长态势，各细分领域服务业务亦保持高速扩张。互联网业态的多元化特征显著，涵盖了网络音乐、视频、阅读等多样化需求，用户规模持续扩大，网络视频、新闻及外卖服务的用户基数已分别达到数亿量级，彰显了互联网服务的广泛渗透力与市场需求的旺盛。

在经济效益层面，互联网企业整体表现优异，业务收入与营业利润均实现显著增长，研发投入的加大进一步推动了技术创新与产业升级。具体业务构成中，信息服务与互联网平台服务成为主要收入来源，而互联网数据服务的兴起则预示着数据经济时代的到来。

互联网产业的蓬勃发展不仅重塑了居民的生活方式，还深刻改变了消费习惯与支付模式。第三方支付市场的爆炸性增长，尤其是与十年前相比的惊人增长，凸显了金融科技对传统支付体系的颠覆性影响。同时，电子支付业务量的激增，特别是网上支付与移动支付的快速增长，反映了数字支付方式的普及与便捷性提升，为经济活动的数字化转型提供了坚实支撑。

然而，随着网民规模的持续扩大与互联网普及率的提升，互联网产业也面临着用户结构变化的新挑战。智能手机等移动设备的普及加速了PC端用户流量的分流与黏性下降，PC互联网用户规模的缩减及访问时长的减少，预示着互联网服务需进一步向移动端迁移与优化，以适应新的用户行为模式。这一趋势要求互联网企业不断创新服务模式，提升用户体验，以应对人口红利减弱带来的市场挑战，持续挖掘并满足用户日益多样化的需求。

二、传统产业的数字化发展

传统产业的数字化转型是一个涉及多方面技术渗透和应用的复杂过程。这一转型通过将云计算、大数据、人工智能、物联网等前沿数字技术整合到研发、采购、生产、销售、服务等关键环节，促进了传统产业在创新和生产管理实践方面的持续优化。

随着数字技术的不断演进和在传统产业中的深入应用，全要素生产率得到显著提升，催生了一系列新模式和新业态。这些变化不仅为产业结构的优化、经济增长方式的转变以及经济发展新动能的探索提供了明确方向，而且对提升国家竞争力和实现可持续发展具有重要意义。

企业工业化和信息化融合（两化融合）的发展水平是衡量融合型经济进步的关键指标。两化融合指数作为评价企业工业化和信息化融合发展水平的量化工具，涵盖了企业基础环境、工业应用和应用效益等三大评价维度。该指数的提高，不仅反映了企业在数字化、网络化、智能化发展阶段的加速跃升，也指示着传统产业数字化转型的深化。

（一）数字化转型驱动传统产业模式与业态创新

数字化转型正成为推动传统产业模式与业态创新的关键动力。在国家政策的积极引导和支持下，制造业正逐步向网络化协同制造、服务型制造、个性化定制等创新模式转型，以更好地适应数字化时代的发展需求。

网络化协同制造作为一种新型的生产组织方式，通过互联网平台实现了消费者、企业及上下游合作伙伴之间的高效沟通与协作。这种模式的推广应用，不仅打破了信息壁垒，还促进了资源共享和协同创新，显著提升了企业的研发和生产效率。

服务型制造的快速发展，体现了我国制造业向微笑曲线高附加值环节转型的战略选择。通过将服务理念融入产品生命周期的各个阶段，企业能够更好地满足客户需求，提升产品附加值，增强国际竞争力。

个性化定制则是信息通信技术与制造业深度融合的产物。智能终端、互联网、大数据、云计算等技术的应用，使得企业能够更加精准、快速地洞察和响应客户需求，实现产品与服务的个性化定制。这种模式不仅提升了客户体验，还增强了客户忠诚度，为企业带来了持续的竞争优势。

（二）电子商务平台助推传统产业数字化

在数字经济时代，平台是协调资源和配置资源的基本组织，其中电子商务平台在当今商业社会中更是有着重要作用。供需双方通过平台快速精准匹配，可以节约搜寻、契约等交易成本，减少双方之间的信息不对称，提升交易质量。同时，依托大数据、云计算等技术，平台还可以提炼用户信息，为用户画像，借以指导供应方的研发、生产、服务，以满足消费者的多元化需求。在此过程中，企业凭需定产，对数据的依赖度提升，使得传统的生产模式被打破，并重组成对数据利用率更高的新模式。企业层面的变迁经过集聚、扩散，会带动产业整体实现数字化的转型升级。

1. toB 端

在面向企业（toB 端）的电商领域，企业采购电商的运营模式可明确划分为平台模式与自营模式两大阵营。平台模式电商以其强大的信息整合能力为核心，扮演着交易中介的角色，专注于构建买卖双方高效对接的桥梁，而非直接涉足供应链构建。此类模式通过为入驻企业提供包括品牌塑造、市场推广策略、产品迭代优化及创新支持等多元化服务，有效促进了企业市场影响力的扩大与顾客忠诚度的增强。这些增值服务不仅提升了企业的客户获取效率，还显著增强了客户关系的稳定性与深度。

相比之下，自营模式电商则采取更为垂直一体化的经营策略，主动构建并管理采购、仓储、物流等全链条供应链体系，直接向客户提供商品与服务，确保了供应链的高效运作与产品质量的严格把控。尽管如此，在当前中国企业采购电商市场中，平台模式仍占据主导地位，其凭借对海量市场资源的优化配置能力，为众多企业提供了数字化转型的强劲动力。

2. toC 端

在面向消费者（toC 端）的电商生态系统中，电商平台扮演着至关重要的角色，它们不仅是商品交易的桥梁，更是数据价值的挖掘者与传播者。这些平台通过汇聚海量的消费大数据，包括详尽的订单信息、精准的流量分析以及多维度的人群画像，为制造商提供了前所未有的市场洞察能力。这些数据资源如同一座宝藏，指引着厂商精准定位市场需求，优化生产流程，乃至实现个性化生产与定制化服务，从而促进了智能制造的深化发展。

具体而言，电商平台通过分析订单数据，能够揭示消费者的购买偏好与消费趋势，为厂商提供销量预测与库存管理的科学依据，有效降低了市场风险与运营成本。同时，流量数据的深度剖析，则帮助厂商精准识别目标消费群体，制定更加高效的市场营销策略，提升品牌曝光度与市场占有率。而人群数据的综合运用，更是为厂商开启了私人定制的大门，通过深度理解消费者需求，实现产品的个性化设计与生产，极大地增强了用户体验与满意度。

3. 各行业电子商务发展情况

当前，各行业正经历着深刻的数字化转型进程，其中，电子商务的广泛应用与快速发展尤为显著，成为推动传统产业数字化改造的重要力量。观察多个行业的实践成果，不难发现其数字化程度均呈现出显著提升的趋势，这一现象深刻印证了电子商务在加速传统产业与数字技术融合、促进产业结构升级中的关键作用。

具体而言，电子商务通过构建高效、便捷的在线交易平台，打破了传统商业模式的时空限制，为各行业提供了全新的市场接入方式与资源配置渠道。它不仅促进了信息流的快速流通与精准匹配，还极大地优化了物流、资金流等关键环节的运作效率，降低了交易成本，提升了整体产业链的协同性与响应速度。

在此背景下，各行业纷纷借助电子商务的力量，进行生产流程的重构、服务模式的创新以及市场策略的调整，以适应数字化时代的新需求与新挑战。电子商务不仅推动了商品交易的数字化，更促进了商业模式、组织形态乃至价值创造方式的根本性变革，为传统产业的转型升级注入了强大的活力与动力。

三、三次产业的数字经济发展

（一）总体情况

在数字经济浪潮的推动下，农业、工业与服务业三大产业均展现出显著的数字化转型趋势，其数字经济比重持续攀升，构成了一幅多产业协同并进的发展图景。值得注意的是，各产业在数字化转型的进程中，不仅呈现出增速上的共性特征，即均保持稳步增长，更在增速与绝对水平的分布上展现出一定的规律性。具体而言，服务业以其高度的信息化基础与市场需求敏感性，在数字经济领域的发展最为迅猛，其增速与绝对水平均位居前列。紧随其后的是工业，作为国民经济的支柱，工业领域的数字化转型同样取得了显著成效，尽管增速略逊于服务业，但在规模与深度上亦不容小觑。相比之下，农业作为传统产业的代表，在数字化转型的初期阶段面临更多挑战，但其数字经济比重亦在逐年提升，显示出农业领域对新技术接纳与应用的积极态度与广阔潜力。

这一发展态势不仅反映了数字经济对各产业渗透力的增强，也揭示了不同产业在数字化转型路径上的差异性与互补性。服务业以其服务模式的灵活性与创新性，成为数字经济应用的先锋；工业则依托其庞大的产业基础与制造能力，推动智能制造、工业互联网等新型业态的快速发展；而农业则在智慧农业、精准农业等方向不断探索，力求通过数字技术提升农业生产效率与资源利用效率。

（二）分产业情况

在数字经济的大背景下，农业、工业及服务业三大产业的数字化进程展现出鲜明的特点与阶段性成果，共同绘制了我国数字化转型的多元图景。

1. 农业数字化：初露锋芒，潜力巨大

我国农业数字经济尽管起步较晚，比例相对较低，仅为7.3%，但已明确展现出向数字化转型的坚定步伐。农业数字化的核心在于新兴技术如大数据、AI、物联网等的深度应用，旨在提升农业生产效率与资源利用精准度。当前，农业物联网、精准农业、智慧农业等概念逐步成型，通过数据收集、处理与分析，为农业生产提供科学指导。尽管尚处于初期阶段，农业数字化已显现出其在解决传统农业问题上的巨大潜力，如减少化肥农药使用、提升养殖环境与管理效率等。国家政策的持续支持，如《全国农业农村信息化发展"十二五"规划》及乡村振兴战略的实施，更为农业数字化注入了强劲动力，推动了相关项目的快速落地与技术融合。

2. 工业数字化：稳中求进，迈向智能制造

工业数字化作为制造业转型升级的关键路径，正稳步向前推进，智能制造成为其核心目标。工业机器人、工业互联网、工业软件及工业云平台等关键要素的快速发展，标志着我国工业数字化进入了深化应用的新阶段。工业机器人市场的快速增长，不仅提升了企业自动化水平，还促进了制造业生产效率的显著提升。工业互联网的兴起，则为企业提供了更广阔的信息交流平台与协作空间，推动了产业链的深度融合与协同创新。尽管工业软件与云平台的普及率尚待提升，但其在推动企业数字化研发、设计、生产等方面的作用日益凸显，预示着智能制造的广阔前景。

3. 服务业数字化：领先发展，创新不断

服务业作为数字经济的先锋，其数字化表现尤为突出，持续保持高速增长态势。新一代信息技术在交通、物流、零售等服务业细分领域的深入应用，不仅重构了传统业务模式，还催生了众多新业态与新模式。智慧交通通过优化网络传输与智能应用，显著提升了出行效率与安全性；智慧物流则依托大数据、云计算等技术，实现了物流体系的高效运作与成本降低；新零售则通过线上线下融合，为消费者提供了更加便捷、个性化的购物体验。这些创新不仅提升了服务品质，还促进了消费结构的升级与经济增长的新动力形成。

第三节　数字经济下重点行业的发展

中国数字经济在重点行业的发展水平和阶段不尽相同，各行业的发展需求和生产特征也存在差异。基于各自数字化、网络化、智能化的重点需求状况，各行

业围绕信息化发展的不同侧重点，展开了积极的探索，其在探索过程中发现的核心问题和桎梏，将作为行业下一阶段的重点突破方向。

一、物流业：传统物流逐渐升级为数字物流

（一）数字物流

物流业是国家经济支撑性产业。提高物流效率、降低物流成本已成为政府、物流企业与其客户力争实现的目标。随着信息科学技术的广泛应用，数字技术逐渐渗入物流行业，推动了传统物流向数字物流的转变。

数字物流是指通过智能硬件、物联网、大数据等数字化技术与手段，提高物流系统分析决策和智能执行的能力，提升整个物流系统的智能化、自动化水平。数字物流集多种服务功能于一体，体现了现代经济运作特点的需求，即强调通过信息流与物流快速、高效、通畅地运转，从而实现降低社会成本、提高生产效率、整合社会资源的目的。

（二）数字技术对物流业的升级作用

1. 大数据对物流行业的驱动效果

大数据驱动效果主要表现在货源与运力的精准匹配、物流路线调度的智能化、储运的主动感知能力提升，以及物流行业协同能力增强等四个关键方面。

在智能配货和智能找车方面，大数据技术通过分析历史和实时数据，优化运输资源的配置，显著提升了利用率，并减少了空载率。这种精准匹配不仅降低了燃油损耗，还大幅度减少了碳排放，对环境保护产生了积极影响。

物流路线调度的智能化是大数据技术的另一显著贡献。通过结合大数据与人工智能技术，物流公司能够实现更高效的车辆路径规划，从而优化运输路径，减少中转时间，并提高整体的配送效率。

大数据还促进了物流储运从被动响应向主动感知的转变。电商平台利用消费趋势的大数据，预测需求并提前进行分仓补货，确保了消费者订单的快速响应和配送，有效降低了运输成本，提升了客户满意度。

最后，大数据技术在提升物流行业协同能力方面发挥了重要作用。互联网科技公司通过提供物流网络平台服务，加强了物流各环节的高效协同，特别是在高峰时期，通过预测和协调，有效避免了快递爆仓现象，保障了物流系统的稳定运行。

2. 物联网将数据业务化

物联网技术与大数据分析技术的紧密融合，为数据价值的挖掘与转化开辟了新路径。物联网在物流行业的广泛应用，具体体现在货物仓储、运输监控及智能快递柜三大领域，显著提升了物流效率与智能化水平。

在货物仓储领域，物联网技术的引入彻底革新了传统仓储管理模式，构建了智能仓储系统。该系统通过自动化数据采集与处理，实现了货物进出流程的精准控制，不仅大幅提升了仓储作业效率与存储容量，还显著降低了人力成本与劳动强度。同时，实时监控与追踪功能确保了货物状态的透明化，提升了交货准确率，并全面支持仓储管理的各项数据操作，如查询、备份、统计及报表生成等，为仓储管理决策提供了坚实的数据支撑。

运输监控方面，物联网技术结合物流车辆管理系统，实现了对运输车辆及货物的全方位、实时监控。这一系统不仅能够精准定位车辆与货物位置，还能实时监测货物状态及环境参数，如温湿度，同时监控车辆行驶状态与驾驶行为，为运输安全与效率提供了有力保障。通过高效整合货物、司机与车辆信息，有效提升了运输效率，降低了运输成本与货物损耗，实现了运输过程的全面可视化与精细化管理。

智能快递柜作为物联网技术在物流末端配送的创新应用，通过物体识别、存储、监控与管理等功能的集成，与PC服务器协同构建了智能快递投递系统。该系统不仅简化了快递员的投递流程，还为用户提供了便捷、灵活的取件服务。用户通过接收的智能短信提示，即可在任意时间前往智能终端完成取件，极大地提升了用户体验。特别是在疫情期间，"无接触配送"需求的激增，进一步推动了智能快递柜的普及与应用，预示着未来智能快递柜市场将迎来更加广阔的发展空间。

3. 人工智能技术的物流应用

人工智能技术在物流领域的深度应用，正逐步塑造着物流作业的智能化、高效化与自适应化的未来。其广泛覆盖的应用场景，深刻展现了AI技术对于物流全链条优化的巨大潜力。

在智能运营规则管理方面，人工智能技术赋能运营规则引擎，使其能够依据机器学习算法自我学习与适应，根据业务环境的变化（如电商大促与日常运营的差异），自主调整订单处理策略，包括生产方式、交付时效、运费定价及异常订单应对等，实现了运营管理的精细化与智能化，有效提升了业务响应速度与客户满意度。

仓库选址作为物流系统规划的关键环节，人工智能技术凭借其强大的优化能力，综合考虑地理位置、经济成本、人力资源、建筑费用及税收政策等多重因素，通过复杂的算法模型进行深度分析与学习，为物流企业提供接近最优的仓库布局方案，助力企业实现资源配置的最优化与运营成本的最小化。

决策辅助功能的实现，则依赖于人工智能对海量数据的深度挖掘与分析能力。通过对场站内外人、物、设备、车辆等实时状态的精准识别，以及学习优秀管理与操作人员的决策经验，人工智能技术能够逐步替代人工，在复杂多变的物流环境中实现辅助决策乃至自动决策，提升决策效率与准确性，减少人为失误。

图像识别技术的引入，是物流信息化进程中的重要里程碑。通过计算机视觉与深度学习技术，人工智能能够高效识别手写运单等复杂信息，显著提升识别准确率与效率，大幅减轻人工录入负担，并有效降低因人为因素导致的错误率，为物流作业流程的自动化与智能化奠定了坚实基础。

最后，在智能调度领域，人工智能技术通过深度分析商品数量、体积等基础数据，结合深度学习算法，实现了对包装、运输车辆等物流资源的精准调配。通过对SKU商品体积数据与包装箱尺寸的精确计算，系统能够智能推荐最优耗材与打包方案，合理安排箱型与商品布局，从而提升物流运输效率，降低包装成本，实现物流作业的高效与绿色。

二、医疗服务业：数字技术持续赋能

（一）数字医疗

数字医疗，是指利用信息技术将整个医疗过程数字化、信息化，广义上既包括医院诊疗流程的信息化，也涵盖区域医疗协同、公共卫生防疫、医卫监管、医保管理的信息化，涉及电子设备、计算机软件、（移动）互联网等技术的综合应用。数字医疗不仅是一种技术应用，更应被视为一种革命性的医疗方式。从远期来看，数字化将对整个医疗流程、医患关系、健康管理方式等诸多方面产生深远影响。正如人们在金融业、零售业中所看到的那样，数字医疗是现代医疗的发展方向和管理目标。

早期，医疗领域的数字化主要体现在部分诊断设备上。如心电图、脑电图等生物信号采集处理仪器以及CT、彩超、数字X光机、超声波等光学、电磁、声学影像设备，帮助医疗行业更好地实现了患者信息的可视化，极大强化了医生的诊断能力。当前阶段，医疗信息化的内涵更多的是计算机软硬件技术在医疗行业中的应用，其中既包括传统软件信息化技术，也包括云计算、大数据、人工智能、物联网等新一代IT技术。随着人们对美好生活的向往及对生活质量的要求越来越高，我国卫生总费用逐年稳步增长，移动医疗等基于信息技术的医疗服务市场规模也在快速扩大。

（二）数字技术对医疗服务的升级作用

正如在物流、金融等领域中一样，云计算、大数据、人工智能、物联网、区块链等新一代信息技术也正在向医疗行业中渗透。形式上，这种渗透既包括新技术与现有IT系统的融合，助其深化升级功能，也涵盖技术新特性所带动的过去不存在的新形式应用。目前看来，数字技术至少正在以下方面影响着医疗产业。

1. 云计算对医疗服务的升级作用

云计算作为IT基础架构的革命，除了在IaaS（基础设施服务）层面对医疗机构的硬件基础设施带来变革外，在软件架构层面对医疗信息系统的影响更为重要。目前，绝大多数医疗信息系统仍是基于传统的单体或垂直架构软件设计思维构建的 C/S（Client/Server）架构，而云系统则是基于 SOA（面向服务的框架）或微服务技术所构建的 B/S（Browser/Server）架构。

相比于传统 IT 系统而言，云系统通过组件化或微服务实现松耦合，技术上具有更好的扩展性，运维成本低，方便创新技术部署应用，更易于支持复杂的大型或异构系统，这对于落实跨机构间的区域医疗、大型医疗集团的一体化应用尤其重要。另外，对于医院内部，采用云架构更容易打通各个科室信息系统之间的数据交互渠道，解决数据一致性问题，在交付上相较于传统软件也更易于部署。

2. 大数据对医疗服务的升级作用

大数据技术采用海量甚至全量数据进行分析，其数据量大、实时性高、类型多样，尽管数据价值密度低，但综合了大量结构化或非结构化的数据来源以及多样化的数据分析技术，能够挖掘出传统途径无法得到的信息。医疗活动的开展非常依赖信息和数据。经过多年的积累，医疗行业已沉淀了相当规模的数据资源（诊疗数据、健康数据、研发数据、运营数据等），尽管数据质量仍有待改进，但在众多领域已具备了应用大数据分析技术的基础。

目前，大数据技术正在医疗行业中快速渗透，这至少体现在以下方面：①基于大量病人的临床数据分析，帮助医生在对患者的诊疗活动中做出更为准确的诊断；②通过可穿戴设备对病人综合体征进行远程监测，更高效低成本地实现慢病或健康管理；③公共卫生相关部门及单位，可借助大数据技术综合监控医卫、舆情等多维度数据，更前瞻性地开展疫情防控工作；④医保部门借助大数据技术对医疗行为模式、医患网络扩散等进行分析，以防止固定规则下容易出现漏洞，医保控费工作从"经验决策"转向"数据决策"；⑤保险公司利用大数据技术对商保理赔行为进行控制，降低报销欺诈和过度医疗风险；⑥医药企业借助大数据技术辅助支持药物研发活动，可大幅降低研发的试错成本。

3. 人工智能对医疗服务的升级作用

目前，人工智能（AI）仍是一个较为模糊的概念，大体可是一门研究开发用于模拟、延伸、扩展人的智能的理论、方法、技术及应用系统的学科。在技术层面，主流的 AI 技术包括机器学习、语言识别、图像识别、自然语言处理等，部分已开始在医疗领域尝试应用,但由于医疗活动的高度复杂性,整体上尚处于非常初级的阶段。

现阶段的 AI 技术主要基于算法、算力、数据三大基础要素,因此与云计算、大数据技术结合较为紧密。尤其是 AI 与大数据技术,在相当多的应用场景下难以明确分离。在医疗领域,当前 AI 的典型应用如下:①基于 AI 的医学影像识别已开始在医院影像科或区域影像中心试用,目前主要针对如肺结核识别、眼底筛查、骨龄测试等较为简单的场景;②语音交互技术正在如语音电子病历、智能导诊机等系统或设备中应用;③知识图谱、机器学习、自然语义处理等技术与大数据相结合,正在医疗辅助决策、疫情预测、医学研究、药物研发等领域中应用;④AI 技术在医院或医保的管理流程和绩效考评中也有应用。

4. 物联网对医疗服务的升级作用

相比于连接人与人的移动互联网,物联网则是在物与物、人与物之间建立起更为广泛的网络关系。医疗行为中包括诊断、治疗、监护、药品器械管理等多类活动,涉及医生、护士、患者、药品、器械等对象之间的交互,物联网技术能够在信息采集、交互控制方面大幅提升效率。

随着物联网技术日趋成熟,医疗物联网开始呈现加速发展的迹象,国内的领先医院正在其医疗系统中更多地部署物联网的应用。具体来看,现今医疗物联网应用主要体现在以下方面:①实时采集病患体征数据,帮助医护人员做出更全面准确的诊断或更及时的预防,提升智能化水平;②更便捷地获取患者身份、定位等信息,降低错误用药等事故的发生概率,在需要急救时及时找到患者,确保患者安全;③采集医疗设备运行数据,更高效地对其进行运营维护;④对药品、耗材、血液等进行跟踪管理,确保与患者匹配的准确性,同时提升资产管理水平。

5. 区块链对医疗服务的升级作用

本质上,区块链是分布式记账本,其难以篡改、去中心化、可溯源的良好特性可很好地满足数据保护要求,且零知识证明技术有助于保护个人隐私。基于该特性,区块链技术在医疗行业中的潜在应用场景主要与病人数据的保护与分享有关,如诊疗、科研、医保报销、商保理赔等活动中的数据授权和管理。医疗相关的可穿戴设备的数据管理也可与区块链技术结合。另外,医疗器械、药品耗材等的供应链和院内流通管理，也可利用区块链技术，以防止流通过程中的记录被篡改。目前，区块链技术尚不成熟，在医疗中的应用也极其有限，未来能否被进一步推广，仍有待于区块链技术水平的提升以及技术生态的完善。

三、电商行业：新零售成为未来"风口"

（一）电子商务的发展历程及现状

电子商务，作为互联网经济蓬勃发展的标志性成果，其核心在于信息技术的深度应用，促使传统交易模式向网络化、信息化方向全面转型。随着全球网络基础设施的广泛覆盖与数字化技术的日新月异，电子商务领域持续涌现出创新业态，如直播电商、社交电商等，这些新兴模式不仅丰富了电子商务的内涵，也极大地拓宽了市场边界与消费体验。

当前，电子商务市场展现出强劲的增长态势，网络零售规模持续扩大，其占社会零售总额的比重逐年攀升，成为拉动经济增长的重要引擎。线上线下融合趋势的加速，通过精准对接消费者需求与商品服务供给，有效促进了消费潜力的释放与零售市场的繁荣。尽管面临市场饱和度提升等挑战，网络零售市场增速有所放缓，但其庞大的市场规模与持续增长的潜力仍不容忽视，预示着电子商务在未来社会消费品零售体系中的核心地位将进一步巩固与提升。

（二）数字经济对电商行业的升级

"数字经济时代的到来，不仅改变了人们的生活方式，还改变了人们的思想观念，从而促进了电商行业的发展。"① 具体而言，这一进程体现在以下关键维度：

第一，数字经济通过构建无界市场，彻底打破了地域限制，实现了销售网络的全球覆盖。相较于传统线下商圈的局限，数字经济赋能下的电商平台能够跨越地理边界，聚焦于全网范围内的营销布局与用户拓展。这一转变不仅加速了商品

---

① 陈露娟. 基于数字经济背景的电商发展策略分析 [J]. 中国市场，2024 (18)：186.

流通速度，还极大提升了品牌影响力，使得电商企业在短时间内便能触及并超越传统品牌多年积累的市场广度。

第二，数字经济重塑了商品流通的链条结构，极大地缩短了商家与消费者之间的距离。传统零售模式下的多层分销体系被电商平台的直接交易模式所取代，减少了中间环节，提高了交易效率，并有效降低了供应链与物流成本。这种扁平化的流通模式不仅增强了电商企业的市场竞争力，还促进了供应链的整合与优化，形成了显著的规模经济效应。

第三，数字经济依托大数据与人工智能技术，实现了对消费者行为的精准洞察与个性化推荐。电商平台通过收集并分析多维度消费数据，构建出详尽的消费者画像，进而运用智能算法为每位用户提供定制化的商品与广告推送。这种精准营销策略不仅提升了用户体验，还显著提高了销售转化率，为电商企业带来了更高的市场回报。

第四，数字经济下电商平台的海量数据积累，构成了其独特的竞争优势与"护城河"。这些数据资产不仅为商家提供了商品进销存的精准信息，助力其优化库存管理、降低运营成本，还促进了平台生态系统的自我强化与循环发展。随着数据规模的持续扩大与质量的不断提升，电商平台能够进一步巩固其市场地位，形成难以逾越的竞争优势，同时反哺商家与消费者，推动整个电商生态的繁荣与发展。

（三）电商未来发展趋势

随着"新零售元年"的开启，电商行业正步入一个线上线下深度融合的新纪元，标志着传统零售与电子商务的界限日益模糊，共同迈向一个更加多元化、智能化的零售生态。面对移动互联网用户增长放缓、线上获客成本上升及线下渠道依旧占据主导地位的现实，新零售概念应运而生，并迅速获得行业巨头的广泛响应与实践。

新零售的核心理念在于技术的深度整合与应用的全面升级，它依托于移动互联网、物联网及大数据等前沿技术的成熟，旨在构建一个"全场景、全客群、全数据、全渠道、全时段、全体验、全品类、全链路"的零售新范式。这一模式的核心特征体现在以下方面：

第一，全渠道经营与营销策略的普及，标志着零售业向无缝对接的线上线下一体化模式转型。通过技术赋能，如传感器融合、人脸识别与语音识别等，线下实体店得以智能化升级，实现精准导购、消费者行为追踪等功能，与线上平台形成互补优势，共同构建全方位的服务网络。

第二，数据驱动成为新零售时代的核心引擎。商品、用户及消费行为的全面数字化，为零售企业提供了前所未有的数据资源。大数据技术的应用不仅优化了库存管理、销售分析及消费者行为洞察，还促进了精准营销策略的实施，有效提升了运营效率与市场响应速度。

第三，场景化体验成为产品与服务创新的关键。企业开始根据消费者在不同场景下的需求，定制化设计产品功能与服务流程，通过大数据分析预判消费趋势，提前布局并优化用户体验。这种以用户为中心的场景化策略，极大地增强了产品与服务的吸引力与竞争力。

第四，社区作为线下流量的重要入口，其商业价值在新零售时代得到进一步凸显。随着场地成本上升与消费者需求变化，社区商业如便利店、精品超市等成为零售企业转型升级的重要方向。这些贴近消费者生活的商业形态，不仅降低了运营成本，还通过提供便捷、个性化的服务，有效吸引了大量稳定客流，为零售企业开辟了新的增长点。

第四节　产业结构转型升级的推动路径

"数字经济背景下，实现数字化转型是破解中国供给侧改革难题和产业结构升级路径的关键手段。"① 随着改革开放的深入推进，我国经济经历了高速发展，同时也面临着提质减速、结构调整和发展动力转换等问题，如何实现经济结构转型升级、动能转换，提高经济增长质量，是当前我国经济发展的首要任务。产业

---

① 徐珂,陈雯婕,陈高昂.新发展格局下数字化转型对产业结构升级的影响研究[J].现代商业，2024(13)：97.

体系是经济的重要组成部分,更是衡量经济高质量发展的关键指标,产业结构的转型升级体现在产业价值链不断延伸及产业经济内部"不断跃迁",能够不断完善产业体系,增强产业竞争力。因此,产业结构的转型升级不仅能完善产业内部体系,增强经济竞争力,还能够为经济向高质量发展转变提供动力支持。

一、制定数字经济规划,提升产业结构层次

在当今全球经济格局中,数字经济已成为推动经济增长的新引擎,其重要性不言而喻。为了把握这一历史机遇,国家需从战略高度出发,精心制定数字经济规划,以全面提升产业结构层次。这一规划应紧密结合国家产业发展现状与未来趋势,确保政策的前瞻性、科学性和可操作性。

(一)明确数字经济发展战略

1. 战略定位与目标设定

国家需明确数字经济在国民经济中的战略地位,将其视为引领经济转型升级、增强国际竞争力的关键力量。在此基础上,设定清晰、可量化的中长期发展目标,包括但不限于数字经济规模占比、创新能力提升、数字鸿沟缩小等维度,确保目标既具挑战性又具备实现的可行性。

2. 战略重点与路径规划

明确数字经济发展的重点领域和关键环节,如基础设施建设、核心技术突破、产业融合发展、数据资源开发利用等,并规划相应的实施路径。特别要强调数字经济与实体经济的深度融合,通过数字化转型促进传统产业改造升级,同时催生新兴产业,形成多点支撑、协同发展的产业格局。

3. 保障体系构建

建立健全数字经济发展的保障体系,包括法律法规、政策环境、技术标准、人才支撑等多个方面。通过完善法律法规体系,为数字经济发展提供坚实的法律保障;优化政策环境,激发市场活力和创新动力;制定统一的技术标准,促进技术互操作和数据共享;加强人才培养和引进,为数字经济发展提供源源不断的人

才支持。

（二）强化数字技术与人才支撑

1. 加大数字技术研发投入

国家应持续加大对数字技术研发的财政投入，支持企业、高校和科研机构开展基础研究和应用研发，特别是针对卡脖子技术和关键共性技术的攻关。通过建立产学研用深度融合的创新体系，加速科技成果向现实生产力转化。

2. 构建高端数字化人才体系

建立健全数字化人才培养、引进、使用和评价机制，形成多层次、宽领域、高素质的数字化人才队伍。加大对高等教育和职业教育的支持力度，优化专业设置和课程体系，培养符合数字经济发展需求的专业人才。同时，通过优惠政策吸引海外高端数字化人才回国创业就业，为产业升级注入国际先进理念和技术。

（三）优化产业结构布局

1. 推动传统产业数字化转型

加大对传统产业的改造升级力度，利用数字技术对传统产业进行全方位、全链条的改造提升。通过智能化、网络化、服务化等手段，提高生产效率和产品质量，降低运营成本，增强市场竞争力。同时，推动传统产业与数字经济深度融合，催生新业态、新模式、新服务。

2. 培育壮大战略性新兴产业

围绕人工智能、大数据、云计算、物联网等前沿领域，积极培育战略性新兴产业。通过政策扶持和市场机制双重作用，引导社会资本向新兴产业集聚，加速技术创新和产业化进程。同时，加强新兴产业与传统产业的协同发展，形成优势互补、互利共赢的产业生态体系。

二、深化数字技术成果的运用，优化产业发展模式

数字技术的广泛应用正深刻改变着传统产业的发展模式，为产业升级注入了

新的活力。为了进一步优化产业发展模式，需深化数字技术成果的运用，推动传统产业与数字技术的深度融合。

（一）推广数字技术应用

1. 数字化生产流程的重构

国家应积极引导和支持企业运用互联网、大数据、人工智能等先进数字技术，对传统生产流程进行全面数字化改造。这包括但不限于生产设备的智能化升级、生产数据的实时采集与分析、生产过程的自动化控制等。通过这些措施，可以显著提升生产效率，降低生产成本，同时增强产品的个性化定制能力和市场竞争力。

2. 数字化消费体验的创新

在消费环节，数字技术同样发挥着至关重要的作用。国家应鼓励企业利用数字平台，创新消费服务模式，提升消费者体验。例如，通过构建线上线下融合的新零售体系，实现商品信息的精准推送和个性化推荐；利用虚拟现实（VR）、增强现实（AR）等技术，为消费者提供沉浸式购物体验；通过区块链技术保障商品溯源，增强消费者信任等。这些举措不仅有助于激发消费潜力，还能推动消费结构的优化升级。

3. 数字化交易模式的变革

在交易领域，数字技术的应用同样带来了深刻的变革。国家应支持金融机构和科技企业合作，推动支付清算、融资借贷、风险管理等金融服务的数字化转型。同时，鼓励发展基于区块链技术的分布式账本和智能合约，提高交易透明度和效率，降低交易成本和风险。此外，还应加强跨境电商和数字贸易的发展，拓展国际贸易新空间。

（二）实施数字技术"引进来"战略

1. 引进国际先进数字技术与管理经验

针对国内产业在数字技术方面的短板和瓶颈问题，国家应积极实施"引进来"战略，通过引进国际先进的数字技术和管理经验，快速提升国内产业的技术水平和竞争力。这包括但不限于与国外知名企业的技术合作、合资经营、并购重组等方式。同时，还应加强与国际组织的合作与交流，共同推动全球数字技术的创新与发展。

2. 推动数字技术的本土化创新与应用

在引进国际先进技术的基础上，国家还应注重推动数字技术的本土化创新与应用。这要求企业在引进技术的同时，加强自主研发和创新能力建设，结合国内产业特点和市场需求进行技术改进和优化。通过本土化创新与应用，不仅可以更好地满足国内市场需求，还能在国际市场上形成具有自主知识产权的核心竞争力。

（三）利用数字技术推动供给侧改革

1. 数字平台在供给侧改革中的应用

数字平台作为连接供需两端的重要桥梁，在供给侧改革中发挥着不可替代的作用。国家应鼓励和支持企业构建数字化平台，通过平台经济模式实现传统过剩产业的去产能、去库存等目标。同时，数字平台还能通过大数据分析等技术手段精准把握市场需求变化，为产业发展提供新的转型路径和发展方向。

2. 数字技术优化资源配置与提高生产效率

在供给侧改革过程中，数字技术还能够有效优化资源配置和提高生产效率。通过构建数字化供应链管理系统，企业可以实现生产过程的透明化管理和精准化控制，降低库存成本和物流成本；同时利用大数据分析等技术手段对市场进行精准预测和预判，提高生产计划的准确性和灵活性。这些措施不仅能够显著提升企业的生产效率和市场响应速度，还能推动产业向高质量发展方向迈进。

3. 数字技术促进产业结构升级与绿色发展

此外，数字技术在推动产业结构升级和绿色发展方面也发挥着重要作用。通过数字化改造和智能化升级，传统产业能够实现绿色低碳发展；同时新兴的数字产业，如云计算、大数据等也具有低能耗、低排放的特点。因此，国家应加大对数字产业的扶持力度和政策引导力度，推动数字经济与绿色经济的深度融合发展；同时，加强对传统产业数字化转型过程中的环保监管和约束力度，确保产业发展与环境保护相协调、相促进。

三、推动高端数字技术的研发，提高产业创新能力

高端数字技术的研发是推动数字经济发展的核心动力。为了保持在全球数字经济竞争中的领先地位，国家需大力推动高端数字技术的研发与创新。

（一）确保研发资金投入

1. 加大政府财政投入

国家应充分认识到高端数字技术研发对于国家经济发展的重要性，将数字经济技术研发纳入国家重大科技专项，确保充足的财政资金支持。通过设立专项研发基金，为关键核心技术、前沿探索项目提供稳定的资金来源，降低研发风险，加速技术突破。

2. 拓宽融资渠道，吸引社会资本

在加大政府投入的同时，应积极探索多元化的融资渠道，鼓励社会资本参与数字技术研发。通过设立风险投资基金、天使投资、创业投资引导基金等，为初创企业和中小企业提供资金支持。同时，利用税收优惠、贷款贴息等政策工具，降低企业融资成本，激发市场活力。

3. 强化金融支持与服务

金融机构应加大对数字技术研发项目的信贷支持力度，创新金融产品与服务模式，满足企业不同阶段的融资需求。例如，开发针对数字技术研发项目的长期贷款产品、知识产权质押贷款等，为企业提供灵活多样的融资方案。

（二）完善技术创新体系

1. 加强产学研用协同创新

建立健全产学研用深度融合的技术创新体系，是推动数字技术研发与产业应

用的关键。国家应鼓励企业、高校、科研院所等创新主体加强合作,建立联合研发平台、技术创新联盟等,共同攻克技术难题,推动科技成果的转化与应用。通过共享研发资源、优化资源配置,提高创新效率和质量。

2. 优化创新生态环境

营造开放、包容、协同的创新生态环境,是吸引高端人才和优质项目的重要条件。国家应加大对创新载体的支持力度,建设一批高水平的创新园区、孵化器、加速器等,为创新企业提供良好的成长环境。同时,加强创新创业服务体系建设,提供法律咨询、财务顾问、市场开拓等全方位服务,降低企业运营成本,提高市场竞争力。

3. 加强知识产权保护

知识产权保护是保障技术创新成果的重要基石。国家应加大对数字领域知识产权的保护力度,完善相关法律法规和政策体系,提高侵权成本,降低维权难度。同时,加强知识产权的国际合作与交流,推动形成国际公认的知识产权保护标准和规则体系。

(三) 培养高端技术人才

1. 加强教育体系建设

高端技术人才的培养离不开优质的教育资源。国家应联合高校、科研院所等教育机构,加强数字技术领域的教育体系建设。通过调整专业设置、优化课程体系、引入国际先进教育理念等方式,培养具有国际视野和创新能力的高端技术人才。同时,鼓励高校与企业合作开展联合培养项目,实现理论与实践的有机结合。

2. 完善人才激励机制

建立健全人才激励机制是吸引和留住高端技术人才的关键。国家应加大对数字技术研发人员的奖励力度,通过设立奖项、提供科研经费、给予住房补贴等方式,激发人才的创新热情和创造力。同时,完善人才评价体系和晋升机制,为优秀人才提供广阔的发展空间和晋升机会。

3. 加强国际交流与合作

国际交流与合作是培养高端技术人才的重要途径。国家应加强与国际知名企业和研究机构的合作与交流，引进国际先进的教育理念和技术资源。通过举办国际学术会议、研讨会等活动，搭建学术交流与合作平台；通过派遣留学生、访问学者等方式，培养具有国际竞争力的复合型人才。同时，积极参与国际数字技术标准制定和规则制定工作，提升我国在国际数字经济领域的话语权和影响力。

四、加强数字技术顶层设计，增强产业结构联动效应

（一）建立联合机制

1. 政策引导与激励机制

在产业间建立联合机制，首先需要政府发挥宏观调控作用，通过制定和实施一系列政策措施，引导各产业主动寻求合作与协同。这包括但不限于设立跨产业合作专项基金、提供税收优惠和补贴、建立产业协作标准与规范等。同时，政府还应加强监管与评估，确保政策的有效执行与反馈调整，形成政策引导与产业实践的良性循环。

2. 市场机制的激活与融合

在政策引导的基础上，应充分发挥市场机制在资源配置中的决定性作用。通过构建公平、开放、透明的市场环境，鼓励企业基于自身利益最大化原则，自主开展跨产业合作。这要求建立健全的市场准入与退出机制、完善产权保护制度、推动信息共享与交易平台的建立等，以降低合作成本，提高合作效率。

（二）推动产业组织模式变革

1. 数字技术赋能产业组织重构

数字技术的高渗透性和强扩散性为产业组织模式的变革提供了强大动力。通过引入大数据、云计算、人工智能等先进技术，可以打破传统产业链条中的信息壁垒与资源孤岛，实现生产、供应、销售等环节的紧密连接与高效协同。这要求

企业重新审视自身在产业链中的定位与角色，积极拥抱数字化转型，构建基于数字技术的网络协同模式。

2. 共享平台促进技能学习与分享

构建数字技术共享平台是推动产业组织模式变革的重要途径。这些平台不仅为企业提供了获取最新数字技术的渠道，还促进了数字技能的学习与分享。通过在线课程、技术论坛、专家咨询等形式，企业可以低成本、高效率地提升员工的数字素养与创新能力，为产业智能化转型奠定坚实的人才基础。

（三）强化数字技术辐射效应

1. 跨产业技术流动与资源配置

数字技术在产业间的辐射效应显著，通过构建跨产业的数字生态系统，可以促进技术、信息、资源等要素在产业间的自由流动与高效配置。这要求打破产业界限，推动不同领域技术的交叉融合与创新应用。例如，将工业互联网技术应用于农业领域，实现农业生产过程的智能化管理；将区块链技术应用于金融领域，提高金融服务的透明度与安全性等。

2. 新兴业态与商业模式的催生

跨产业数字生态系统的构建还将催生出一系列基于数字技术的新兴业态与商业模式。这些新业态与模式不仅丰富了经济体系的内容与形式，还为经济增长提供了新的动力源泉。例如，基于大数据分析的个性化定制服务、基于区块链技术的去中心化金融平台等，都展现了数字技术对传统产业模式的颠覆性创新。

（四）打造数字经济产业集群

1. 数字经济产业园区的规划与建设

为推动数字经济产业集群的形成与发展，国家应规划布局一批数字经济产业园区、创新基地和孵化器。这些园区应具备良好的基础设施、完善的配套服务以及浓厚的创新氛围，以吸引数字经济相关企业入驻。通过产业集聚效应，可以促进企业间的交流与合作，降低创新成本，提高创新效率。

2. 产业链上下游企业的紧密合作

数字经济产业集群的形成还需要产业链上下游企业的紧密合作与协同创新。这要求企业间建立长期稳定的合作关系，共同开展技术研发、市场开拓等活动。通过产业链上下游的协同作战，可以形成优势互补、资源共享的发展格局，进一步提升产业集群的整体竞争力。

（五）促进区域协调发展

1. 加大对中西部与欠发达地区的支持力度

数字技术的广泛应用与普及为区域协调发展提供了新的机遇。国家应加大对中西部与欠发达地区的支持力度，通过政策倾斜、资金投入等方式，引导数字经济资源向这些地区倾斜。这不仅可以促进当地产业结构的优化升级与经济发展，还可以缩小区域间的发展差距，实现全国范围内的均衡发展。

2. 加强区域间的合作与交流

在促进区域协调发展的过程中，还应加强区域间的合作与交流。通过建立区域合作机制、搭建信息共享平台等方式，推动数字经济在更大范围内的协同发展。这不仅可以促进技术、信息、资源等要素在区域间的自由流动与优化配置，还可以形成区域间的良性竞争与合作共赢的局面。

第四章　数字经济下的服务业发展创新

第一节　服务业及其发展概述

一、服务业的发展历程

中国服务业的发展历程是一部波澜壮阔的历史长卷。从新中国成立初期的抑制阶段到改革开放后的起步加速阶段，再到稳定发展阶段、赶超发展阶段，直至当前的超越发展阶段，每一个阶段都留下了深刻的印记。

抑制阶段（1949—1978年）。在这一时期，受计划经济体制和"重工业优先发展"战略的影响，服务业被视为不创造社会财富的非生产部门，其发展受到抑制。尽管如此，一些基本的生活服务如餐饮、住宿等仍在一定程度上得到了保留和发展。

起步加速阶段（1979—1990年）。改革开放的春风为服务业的发展带来了新的机遇。随着市场经济体制的逐步建立和市场需求的不断释放，服务业开始步入起步发展的正常轨道。这一时期，商贸流通、交通运输等传统服务业得到了快速发展；同时，金融、保险、房地产等新兴服务业也开始崭露头角。

稳定发展阶段（1991—1999年）。进入90年代后，中国服务业的发展活力进一步迸发。随着对外开放的深入和市场化改革的推进，服务业的规模和质量都得到了显著提升。这一时期，服务业在国民经济中的比重逐步上升，成为推动经济增长的重要力量。

赶超发展阶段（2000—2013年）。随着中国加入WTO和全球经济一体化的加速推进，服务业迎来了前所未有的发展机遇。在这一时期，服务业的增长速度明显加快，占比接近乃至超过第二产业。金融、物流、信息技术等现代服务业的快速发展为经济结构的优化升级提供了有力支撑。

超越发展阶段（2014年至今）。进入新时代以来，中国服务业的发展迈上了新的台阶。服务业占比持续提升，超过50%，成为国民经济发展的主要贡献产业。随着数字技术的广泛应用和消费升级的深入发展，服务业正朝着数字化、个性化、绿色环保和全球化的方向迈进。

二、服务业的分类

服务业，作为现代经济体系中的重要组成部分，其定义超越了简单的商品交换范畴，更多地聚焦于通过提供服务来满足人类需求的经济活动。它不仅包括传统意义上的餐饮、住宿、零售等行业，还涵盖了金融、教育、医疗、信息技术、文化娱乐等多个领域，形成了一个庞大而复杂的产业体系。在国民经济行业分类中，服务业被明确界定为除农业（不含农林牧渔服务业）、工业、建筑业之外的所有行业，这一分类不仅体现了服务业的广泛性和多样性，也凸显了其在经济结构中的独特地位。

服务业的细分进一步揭示了其内部的复杂性和层次性。从门类、大类、中类到小类，每一个层级都涵盖了特定的经济活动领域，如金融服务业可细分为银行业、证券业、保险业等；教育服务业则包括基础教育、高等教育、职业培训等多个方面。这种细分不仅有助于我们更清晰地认识服务业的构成，也为政策制定和市场监管提供了依据。

三、服务业的特点

（一）无形性

服务业最显著的特点之一是其产品的无形性。与实物商品不同，服务往往是在顾客与服务提供者之间的交互过程中产生的，如咨询、旅游、娱乐等服务，在消费前难以被直观感知。这种无形性增加了消费者在购买服务时的不确定性，但同时也为服务提供者提供了更大的创新空间，使得服务产品能够更加丰富多样。

（二）不可分离性

服务的提供与消费往往在同一时间、同一地点进行，即服务人员与服务是统一的。这种特性要求服务人员与顾客之间必须建立良好的互动关系，以确保服务质量的提升和顾客满意度的提高。例如，在餐饮业中，厨师的烹饪技艺、服务员的服务态度等都直接影响到顾客的用餐体验。

（三）服务质量的不确定性

由于服务缺乏统一的标准和固定的生产过程，即使是同一位服务人员，在不同时间、不同情境下提供的服务质量也可能存在差异。这种不确定性增加了顾客的风险感，但同时也为服务提供者提供了改进服务质量的动力。通过建立完善的服务质量管理体系和顾客反馈机制，企业可以不断提升服务品质，增强顾客信任。

（四）供需的不平衡

服务行业常常面临供需不平衡的问题。在高峰期，如节假日或特定活动期间，服务需求激增，而供给相对不足，导致排队等候现象普遍；而在低峰期，则可能出现资源闲置的情况。这种供需不平衡对企业的资源配置提出了挑战，要求企业必须具备灵活应对市场变化的能力，通过优化服务流程、提高服务效率等方式来平衡供需关系。

四、服务业的发展趋势

（一）数字化

"数字经济对现代服务业的渗透不断加快，改变着服务业赖以存在的基础，特别是在全球经济整体复苏乏力形势下，数字经济对现代服务业发展水平的影响日渐凸显。"[1] 数字技术的快速发展正在深刻改变服务业的面貌。人工智能、大数据、云计算等技术的应用使得服务业的智能化水平不断提高。通过数据分析和智能算法的应用，企业可以更加精准地把握市场需求和顾客偏好；同时，智能化服务设备的引入也提升了服务效率和顾客体验。

---

[1] 谷菲. 数字经济对现代服务业发展水平的影响研究[D]. 秦皇岛：燕山大学，2023：21.

（二）个性化

随着消费者需求的日益多样化和个性化，服务业也必须不断创新以满足这些需求。个性化服务已经成为提升顾客满意度和忠诚度的重要手段。企业通过收集顾客数据、分析顾客行为，为顾客提供量身定制的服务方案。无论是定制化的旅游产品、个性化的教育课程，还是精准推送的广告内容，都体现了服务业在个性化方面的努力。这种趋势不仅要求企业具备强大的数据分析和处理能力，还需要企业拥有敏锐的市场洞察力和创新思维。

（三）绿色环保

随着全球环保意识的增强，绿色服务已成为服务业发展的重要方向。绿色服务不仅指服务过程中减少对环境的影响，还包括推广环保理念、倡导绿色生活方式等方面。服务业企业纷纷采取措施减少资源消耗、降低碳排放，如推广无纸化办公、使用环保材料、开发绿色旅游产品等。同时，企业还通过宣传和教育活动提高消费者的环保意识，引导消费者选择绿色产品和服务。绿色服务不仅有助于企业履行社会责任，还能提升企业形象和品牌价值。

（四）全球化

随着经济全球化进程的加速，服务业的国际化趋势日益明显。跨国公司在全球范围内提供服务，本土企业也积极开拓国际市场。服务贸易成为国际贸易的重要组成部分，跨境电子商务、远程服务、服务外包等新兴业态不断涌现。这些变化为服务业企业带来了更广阔的市场空间和发展机遇，但同时也带来了激烈的国际竞争。企业需要不断提升自身实力，加强国际合作，才能在全球化浪潮中立于不败之地。

第二节 数字金融与经济高质量发展

一、金融创新和科学技术创新

(一) 金融创新是商业银行转型与竞争力提升的关键策略

金融创新在当代社会已成为商业银行摆脱困境、增强竞争优势的关键途径。在全球化金融一体化的背景下，市场竞争日益加剧，商业银行亟须通过创新来适应这一变化。

金融创新的概念尚未有统一的界定，但从广义上理解，它包括金融工具、市场、制度以及机构的创新。本节所讨论的金融创新即是基于这一广义概念。商业银行目前面临诸多挑战，其中最主要的是收入来源单一，过度依赖存贷利差，而互联网金融的兴起进一步压缩了这一利润空间，加之新兴股份制银行和外资银行的竞争，商业银行亟须金融创新来吸引和保留客户。

金融创新的实施能够显著提升商业银行的经营和组织效率，降低运营成本，从而增加收入并提高利润。此外，金融创新还能为银行开辟新的收入渠道，通过提供特色增值服务，为银行带来更丰厚的收益。

科技的进步，尤其是大数据和人工智能的应用，为金融创新提供了强有力的技术支持。这些技术使银行能够提供更精准、个性化的金融服务，从而有效提升银行的市场竞争力。

同时，科技进步也为金融创新提供了便利条件。先进的技术手段不仅使创新变得更容易实施，也使得相关风险更易于控制。考虑到这些技术大多是近二十年发展起来的，无论是新成立的银行还是传统银行，在掌握新技术方面都站在相近的起跑线上，这为所有银行利用最新技术进行金融创新提供了平等的机会。

(二) 金融产品创新是商业银行金融创新的关键策略

商业银行在金融创新的过程中，金融产品创新是其核心着力点。金融制度创新、金融机构创新、金融监管创新以及金融市场创新均非商业银行所能独立造就或过分关心的范畴。金融制度的创新涉及国家经济稳定与金融稳定，需遵循国家层面的重大决策；金融机构创新和金融监管创新则分别属于国家对各类银行及非银行金融机构发展规模的关注和人民银行的职责范畴；金融市场创新则依赖于整个金融行业的参与和合作。

金融产品创新的难度相对较低，商业银行可在此领域内提供定制化、个性化服务，以增强自身的市场竞争力和盈利能力。在法律允许的范围内，商业银行可自主开发和创新金融产品，且金融产品创新与其他方面的改革联系不大，即便创新失败，也不会对其他业务产生负面影响。因此，金融产品创新应成为商业银行创新战略的先导。

此外，金融产品创新拥有巨大的发展空间。国际金融市场提供了上万种金融产品，而国内商业银行所提供的金融产品种类相对较少。鉴于我国庞大的人口基数和市场需求，商业银行有广阔的空间来挖掘和创新金融产品。通过学习发达国家的创新经验，商业银行可利用后发优势，不断提高金融产品的创新能力和市场适应性。

（三）金融产品创新先行促进其他创新

金融产品创新在金融领域内具有重要的先行作用，能够显著促进金融制度、机构以及监管制度的创新步伐。金融产品创新的活跃性与多样性是推动金融市场繁荣发展的关键因素，其对金融秩序和金融安全的影响，也促使监管制度不断适应和创新。

金融产品创新对金融制度创新和金融机构创新具有显著的推动作用。金融产品作为市场交易的基本元素，其创新能够激发金融市场的活力，推动金融制度和机构的适应性变革。金融产品创新的引入，往往需要金融制度的相应调整和金融机构功能的重新定位，以适应新的市场变化和需求。

金融市场创新与金融产品创新密切相关。金融产品创新能够丰富市场交易的品种和结构，增加交易量，从而带动整个金融市场的繁荣。新产品的引入，如国际金融资金清算工具、承兑汇票、股票债券等，为货币市场和资本市场的发展提供了动力，促进了金融市场的深化和完善。

金融产品创新同样对监管制度创新具有推动作用。金融创新产品在分散和转移风险的同时，也可能对金融秩序稳定构成挑战。中央银行作为金融行业监管的主体，需要不断优化和创新监管方法，以应对金融产品创新带来的新情况和新问题。金融产品创新的积极效应，如促进社会经济繁荣，将促使监管机构放宽监管或创新监管制度，以发挥其有利因素，同时限制潜在风险的产生。

从国际金融业的发展经验来看，金融产品创新是金融监管制度创新的重要驱动力。美国的混业经营和金融自由化等现象，在很大程度上是金融产品创新推动监管制度创新的结果。这表明，金融产品创新不仅能够促进金融市场的发展，也能够推动金融监管制度的适应性和创新性，从而实现金融行业的健康、稳定和可持续发展。

（四）金融产品创新规避风险的原则

1. 高效率和低成本原则

在我国，对于金融机构的监管是由中央银行负责的，通过监管来保障整个金融体系的稳定性和安全性，维护行业的公平竞争。中央银行的主要职责就是金融风险的监管和控制，对于商业银行而言，其经营发展的目标是获取利润、创新金融产品，这能够在一定程度上转移风险，也能够规避监管，因此，中央银行需要与时俱进地强化制度内容，创新监管方法，完善监管制度。

为了避免在金融产品创新的过程中发生风险，商业银行需要进行统筹兼顾，采用科学的风险控制策略，在产品创新上需要遵循高效率原则，兼顾效率和成本，避免金融产品的创新顾此失彼。通过这种方式，能够有效降低金融产品创新中带来的经济损失。当然，在这一过程中，必须要投入足够的执行成本、交易成本和机会成本。

2. 收益保护原则

商业银行的金融产品类型繁多，各类产品的金融风险特征和性质各有差别。尽管创新产品能够为商业银行带来更多的收益，但是也会给商业银行造成一些新的风险。这类风险具有对称性的特点，为了避免风险带来的负面影响，需要采用科学的干预措施，在规避风险的同时保障商业银行的收益。

（五）金融创新和金融深化

金融创新与金融深化紧密相关，是推动经济现代化的关键动力。自改革开放以来，中国的金融创新在多个层面取得了显著进展，这些进展对金融深化进程产生了深远的影响。

1. 金融创新对金融深化的影响

（1）金融创新对货币化比率和金融相关率的影响。货币化进程的指标包括货币化比率和金融相关率，对于这两项指标，都使用 GDP 来进行量化。借助于金融创新，能够显著提升货币化比率，其原因包括：首先，金融创新使得人民群众的资金提取变得更加灵活，减少了居民的现金持有量，有效提升了货币乘数；其次，金融创新为金融机构的资金调节提供了极大的方便，减少银行的超额准备金，使得信贷规模发生变化。在新型金融工具出现之后，不管是货币市场还是资本资产，其金融资产都会增加，并且在金融创新证券化趋势的发展下，资本市场的扩张速度也会越来越快，这会提升金融资产总额。

（2）金融创新对金融资产和金融机构多样化的影响。在金融制度的创新下，为金融资产和金融机构带来了新的发展空间，金融市场的创新催生了新的金融资产，而金融工具的创新则有效丰富了金融机构和金融资产的种类，两者的创新是互动的关系。在创新进程中，国家需要发挥主导作用，制定出与之相关的金融制度，提供技术支持，从而构建出完整的金融创新体系。

（3）金融创新对金融资产发展规范化的影响。金融深化是通过两条主线表现出的：第一条主线就是货币在经济发展中的重要性越来越强；第二条主线就是货币市场、资本市场都在逐步发展。在金融自由化进程的发展下，第二条主线对于整个金融市场的影响更加明显，金融市场能够增加市场投机行为，加重经济泡沫，影响整个金融体系的稳定性，这会给金融市场带来负面影响，同时，金融创新能够助力金融资产结构的优化，使得金融资产的定价更加有效，从而促进金融资产的规范化发展。

（4）金融创新对社会资产信用化的影响。经济信用化就是经济的生产、分配、交换、消费等脱离对经济主体依赖的一种过程，经济信用化属于金融深化的重要表现，其结果以货币化的方式来呈现。金融创新带来了新的投资和融资渠道，提升了经济主体对于外部的依赖性，也使得整个社会资产朝着信用化的方向发展。其作用可以从两个层面来分析：首先，金融创新是具有一定的保值和避险功能的，能够为各类交易者提供对应的金融资产，有助于扩大信用规模；其次，金融创新可以有效减小成本功能，使得更多的企业能够在金融市场中获取到融资，为信用形成奠定了基础。

2. 金融创新推动我国金融深化

（1）进行金融制度创新，确保金融资产发展的规范化。从新制度金融学理论来看，金融制度其实就是一种博弈的游戏规则，完善规则之后即可使游戏顺利开展。当前，我国金融体制正处于转型过程中，有多种因素会影响金融资产的规范化发展：第一种是行政干预因素，第二种是银行垄断问题。鉴于此，为了促进金融资产的发展，需要完善金融法则，建立金融危机处理机制，明确央行的独立地位，由专家组根据金融形势的变化来制定宏观调控策略，减少行政因素的干预，建立完全意义上的商业银行，鼓励银行多种所有制共同发展。另外，还需要做好监管体系建设，从金融机构的自我监督、同业公会同向约束、中国银行的宏观监督三个方面来着手，保障调控的质量和有效性。

（2）进行金融市场的创新，优化金融资产内部结构。在证券市场的创新上，应当以优化金融资产内部结构为重点来开展，股票市场的发展并不会影响金融中介，我国的股票市场本身与金融中介之间具有一定的互补关系，为了提升证券化的比例，一是需要加速国有股的上市流通；二是建设二板市场，为中小企业提供更多的发展机遇；三是构建柜台市场，为居民和企业的投融资提供更多渠道，使金融资产能够趋于多元化地发展，这也能够扩大证券市场规模。

（3）进行金融机构创新，提高我国货币化进程的质量。从货币化进程这一数量指标来看，一些经济学家认为，我国的货币化进程已经结束，其实不然，在当前的金融总资产中，有大量资产属于国有股和法人股，这是不能在市场上流通的。另外，国有商业银行的巨额呆账也是不容忽视的问题。为了促进国有股的流通上市，可以设置国有资产管理公司，针对国有商业银行的巨额呆账，可以由专门的呆账管理公司来负责管理，逐步将商业银行的不良资产慢慢剥离。

（4）进行金融工具的创新，促进金融资产的多样化发展。为了促进我国衍生工具的发展，可以采用几个措施：一是创新存贷工具，与信息化技术手段相结合，这既能够拓展银行业务量，还能够为用户提供便利；二是实施远期交易试点，远期交易的杠杆比例小，操作简单，能够帮助我国企业避免外汇风险的产生，也可以积累更多的金融衍生工具交易经验；三是推广信用衍生工具，信用衍生工具能够有效地分离转移信用资产，更加符合我国的国情。

3. 金融创新与改革的挑战

金融创新与改革在全球经济一体化的背景下，正面临着前所未有的挑战和机遇。稳定币的全球性扩展，尤其对公共政策产生了深远的影响，这在金融市场的竞争态势、金融稳定以及对实体经济的潜在风险方面表现得尤为明显。

金融市场的竞争格局可能会因全球性稳定币的发行而重塑。这些通常由大型科技巨头发行的稳定币，受到网络效应的影响，易于提高市场集中度，从而削弱市场的多元竞争。此外，全球性稳定币的闭环系统可能抬高市场准入门槛，进一步限制市场竞争。在金融稳定方面，全球性稳定币可能通过增加操作风险、信用期限流动性错配风险，使货币金融部门变得更加脆弱，增加金融体系的脆弱性，导致危机迅速传导。

全球性稳定币的风险还可能传导至实体经济，影响金融市场的稳定和实体经济活动。若稳定币用于支付，系统中断可能导致金融市场波动；若作为价值贮藏，币值下滑将导致持有人财富收缩。此外，银行和相关金融机构若持有稳定币，也将面临损失风险。在极端情况下，发行机构可能因应对赎回请求而甩卖资产，引发金融市场价格大幅波动。

全球性稳定币对货币政策的执行同样构成挑战。若广泛用于价值贮藏或支付利息，将削弱本国货币政策的传导效力，对本币不在篮子货币中的经济体影响尤为显著。因此，加强全球性稳定币的跨机构监管合作，制定统一的监管标准，防止监管套利和不公平竞争，显得尤为重要。

在普惠金融服务实体经济方面，小微金融成为2019年的重要主题。金融科技的发展，特别是线上放贷的普及，开辟了新的获客渠道，并显著提升了运营效率与成本控制能力。然而，普惠金融的多维度特性意味着，仅依靠互联网技术和大数据技术，难以完全解决普惠金融面临的问题。信贷业务的核心问题——资金用途、还款计划、违约应对策略——仍需深入考量。

4. 金融创新与技术创新耦合

金融创新和技术创新之间存在相辅相成的互动关系。技术创新开辟了金融创新的利润空间，而金融创新则为技术创新的发展提供了资金支持。在经济发展的不同阶段，两者的需求和互动模式各异。在新技术系统形成初期，金融机构通过激励和辅助作用支持新兴市场的成长；而在新技术系统成熟后，需要构建一个多元化和便利的金融市场结构。

尽管技术创新推动了金融创新的发展，但它并不能完全规避金融市场的风险。金融市场是由人创造的系统，其发展受到人理性的影响。金融工程作为一种人为设定参数和规则的产物，不可避免地存在风险。无论样本量多大，都难以涵盖所有不确定性因素，信息的不完备和监管的不足都可能引发风险问题。金融衍生工具，原本设计用来规避风险，也可能因市场的复杂性而加剧风险。

产业危机被认为是金融危机的深层次根源。实体经济的衰退往往导致虚拟经济的危机，而解决这一问题需要技术创新和制度创新来重振实体经济。技术创新是金融创新的基础，实体经济是虚拟经济的基础。如果虚拟经济和实体经济之间存在长期偏离，将引发风险。金融市场的过剩本质是市场经济与自然经济的主要区别之一。在技术创新缺乏动力时，金融资本可能会过度流入传统房地产部门，形成经济隐患和金融泡沫。解决金融危机和促进经济发展需要优化经济结构和促进技术创新，为金融资本提供新的渠道，但在实践中实现这一目标存在挑战。

二、产业数字金融

（一）产业数字金融的发展

在金融科技的浪潮中，产业数字金融作为新兴领域，其发展态势受到业界的广泛关注。产业数字金融的兴起，不仅标志着金融业态的创新，更体现了商业模式的深刻变革。该领域的发展不单纯依赖于技术的进步，更强调技术与业务的深度融合，以确保数字化转型的实质性成果。

随着 C 端数字金融的成熟，监管环境的严格化促使金融机构在定位和职能上更加明确，从而在价值创造中发挥了关键作用。技术风控在 C 端的应用已相对成熟，但在 B 端，尤其是产业数字金融领域，仍存在巨大的发展空间和潜力。产业数字金融的发展，正逐渐从传统的中心化、电子化模式，向线上化、数字化模式转变，标志着商业模式创新的真正开始。

产业数字金融的新特征，在于全流程的数字化和核心风控技术的数字化。金融机构的核心任务是风险管理与控制，而数字化手段为风险定价、管理和控制提供了新的解决方案。在传统产业金融模式中，服务大型企业固然重要，但服务中小企业则能创造更大的社会和经济价值。尽管已有银行针对小微企业信贷问题进行了大量工作，但风控体系往往仍依赖于企业主的个人信誉，未能充分挖掘企业数字资产的风控评价和定价潜力。

产业数字金融的发展要求模式创新，构建产业数字生态圈，这与传统的 C 端数字金融服务存在显著差异。商业银行在服务 B 端客户时，需要将金融服务深度嵌入客户的生产经营活动中，以实现产业数字生态圈的构建。对于数字化程度较高的 B 端大客户，银行与客户之间更多地呈现互补关系；而对于中小型客户，银行则需要扮演赋能和技术输出的角色，以促进整个产业的数字化转型和升级。这一过程中，产业数字金融的发展不仅能够为金融机构带来新的增长点，也将为整个经济体系注入新的活力。

（二）产业数字金融的技术实现与创新路径

产业数字金融作为金融创新的重要方向，其技术实现涉及多个核心特征和创新层次。产业数字金融强调从数字资产的积累到挖掘其价值、创造信用，进而形成数字担保，并最终实现循环利用。这一过程不仅要求企业将数据视为核心资产，而且需要金融机构在授信和风控技术上实现突破。

银行开放金融平台的建设是产业数字金融的另一重要特征。银行必须构建开放式的金融平台，以实现与外部客户的互联互通，并适应日益提高的监管要求。通过打通和汇集底层数据，银行能够输出金融服务，将其嵌入企业及产业场景之中，从而实现开放银行体系的建设。

授信技术和数字化智能风控技术是产业数字金融的两个核心技术突破点。银行需要收集细颗粒度的企业维度数据，包括交易链数据、中间过程数据、个人信息以及企业间合同关系等，以形成精准的授信和风控模型。金融科技的应用在此过程中发挥着重要作用，特别是在提高对小微企业服务效率、实现自动化审批模式方面。

产业数字金融的实施基础在于数字化授信技术和智能风控技术的突破。这要求银行改变传统的审批模式，从依赖企业的担保和抵押物，转向依赖模型算法的容忍度。金融科技的发展有助于覆盖长尾客户，实现批量获客、开发和审批。

在产业数字金融科技平台的搭建方面，银行需构建内接外联的服务体系，实现客户入口端的线上化，开放银行体系与外部场景的结合，以及技术平台如区块链和大数据平台的构建。产业数字金融的核心目标是让全产业链享受到数字红利，推动银行赋能产业发展，优化产业生态，并实现数字增值和普惠金融的精准服务。

（三）基于区块链技术的数字普惠金融产业升级

1. 区块链技术赋能数字普惠金融

在数字化普惠金融的发展进程中，数字技术是其基础所在，利用各类数字技术，能够为消费者提供全面、方便、平等的普惠化金融服务。在普惠金融的发展中，区块链技术是需要高度关注的一项技术，利用区块链，能够促进数字普惠金融的产业升级。区块链技术目前已经在供应链管理、数字资产、智能合约、大数据交易、跨境支付等领域中得到了广泛使用，大大降低了监管成本，提升了相关机构的盈利和风险控制能力，促进了价值金融的转型，也为普惠金融的实现带来了更多可能。区块链技术与金融市场的发展是高度契合的，能够保障信息与资产的透明，保障其发展的安全性，综合来看，区块链技术与数字金融发展的契合性主要表现在以下三个层面：

（1）去中心化特点，区块链技术能够自动执行设定的关系和交易规则，其信息是公开透明的，能够确保交易的公平、真实和有效，有助于完善普惠金融信用体系，减少信息不对称带来的金融风险。

（2）区块链有着匿名性、自治性的特点，各个节点可在信任的环境中交换数据，杜绝人为因素的干扰，在交易时，双方是不需要实名制的，这使得金融交易更加可靠、安全。

（3）区块链具有开放性的特点，区块链公共链可以对所有用户群体来开放，不管是交易者、监管者还是用户，都能够借此查询区块信用数据，这提升了普惠金融交易的透明度，能够帮助特殊群体和中小企业解决融资困难的问题。

2. 数字化普惠金融的发展需发挥政府作用

政府对新生行业的支持，需要制定一个从松到严层级递增的监督系统。

第一层级在于对普惠金融产业风险建立适当的容忍机制。在一项新兴产业从诞生到发展的过程中，离不开政府的监督和管理，这是一个从松到严的逐步发展过程。在初级发展阶段，需要建立容忍机制，促进行业的自律化发展，受到价值规律的影响，借助市场的自我调节机制能够提高各类资源的利用率，使得金融机构能够对市场信号做出及时反应，市场的调节功能也能够为金融市场发展释放有效信号，从而鼓励金融机构从自身着手，主动维持整个金融市场的稳定性。但是完全依靠市场的自律机制也会出现盲目性和自发性的问题，因此，在此基础上需要建立普惠金融行业协会，加强自律机制的建设，邀请各个商业银行、普惠金融机构纷纷参与进来，给政府的监管做有益补充。

第二层级在于针对普惠金融产业的业务操作环节实施有效的动态监管，充分利用区块链等技术，将信息及时披露、信用数据及时共享、资金流转及时明确。监管部门需要及时建立信息披露及制度，快速识别普惠金融发展中出现的风险问题，借助这种方式，能够明确普惠金融发展的动态，分析其中的风险，根据评估结果，由政府来制定监管制度，明确具体的监管方向和监管范围。监管部门还要重视普惠金融产业背后的平台管理，坚决杜绝非法集资。

第三层级，普惠金融产业作为金融体系中的新兴领域，其监管制度也要不断创新发展。要构建统一的监管机制。从当前我国普惠金融产业的发展情况来看，其中出现了一些突出问题，部分金融机构未能及时征集投资者的各项信用信息，对此，监管部门需要完善监管机制的建设，采用原则监管、规则监管结合的方式，促进线下监管、线上监管的深度结合，并且积极利用区块链技术，对普惠金融产业发展中的风险进行全面监控，利用网络数据来深度挖掘，及时预测产业风险的发生，避免整个普惠金融中出现系统性风险。在风险的监测活动中，需要定期更新评估尺度，及时把握风险的发生苗头。另外，在普惠金融的发展过程中，需要由国家制定一系列的保护政策方针，积极开发核心产品，建立核心数据保护制度，针对普惠金融的各项内容来构建完善的安全解决方案。

3. 普惠金融的均衡发展与区块链技术的应用

从我国当前实施的征信模式来看，由央行负责信用授予，收集的信用信息包括各类资金借贷往来记录等，借助互联网、大数据等技术，能够构建出一种信用价值共享中心。但是，目前这一信用体系并没有完全覆盖到所有的人群，特别是在普惠金融的发展中，没有将中小微企业、农村低收入人群纳入其中。这类人群具有一定的特殊性，其面临的信用风险相对较高，信息收集费用也较为昂贵，因此，为了提高收益，各个金融机构往往不会选择为此类群体提供金融服务，这就导致普惠金融之间出现了"普"和"惠"之间的矛盾。对此，需要发挥区块链技术的作用，重新优化征信体系，增加分布式记账功能，各个机构可利用区块链来征集客户信息，发布到整片区块中。在区块链中，信息是不能被篡改的，因此，这种模式的实施保障了信息的透明、真实，也便于监管部门的实时追踪。区块链技术的应用能够帮助金融部门扩大普惠金融群体，减少了信息不对称造成的风险，使得金融服务的普惠性大大增加。

4. 加强农村基础设施建设与普惠金融的协同发展

在经济发展进程中，基础设施建设是实现区域均衡发展的关键因素。依据短板效应理论，经济发展的全面性要求不仅城市要发展，农村地区同样需要得到重视和提升。农村经济的发展速度直接影响到国家整体经济实力的提升，因此，构建"经济强国"的愿景需要城乡协同发展的战略布局。

当前，农村地区受多种因素制约，如基础设施、交通状况、经济条件及居民意识等，导致其经济发展水平相对滞后。为了挖掘新的经济增长点，促进农村经济的快速发展，加强农村基础设施建设显得尤为迫切。特别是在网络基础设施方面，继续加快建设步伐，实现互联互通，将为农村经济的数字化转型提供坚实的基础。

普惠金融产业的发展，为缩小城乡发展差距提供了新的解决方案。通过建立城乡资金融通平台，普惠金融能够有效地促进社会资金和资源向农村地区流动，为农村经济发展注入新的活力。此外，普惠金融还能够为农村地区提供更加便捷、高效的金融服务，增加农村居民对金融产品的可及性，从而激发农村地区的经济潜力。

在推进普惠金融的过程中，扩大网络覆盖面是关键。网络基础设施的完善，不仅能够支撑普惠金融服务的普及，还能够为农村地区带来更多的发展机遇。通过网络平台，农村居民可以更广泛地接触市场信息，获取金融知识，提高金融素养，从而更好地利用金融工具促进自身发展。

（四）数字普惠金融发展对产业结构优化升级的作用及挑战

数字普惠金融作为金融创新的重要成果，在推动产业结构优化升级方面发挥着日益重要的作用。其积极影响主要体现在为资本市场的形成提供支持，改变传统产业结构，并通过信用扩张提高资金利用率，加速资本市场的形成，促进产业间合作，共同推动产业结构的优化升级。

数字普惠金融利用其强大的数据分析功能，促进资源的合理优化和配置，引导资本流向关键产业，为产业结构的优化调整提供资金支持。特别是对那些技术创新能力强但资金不足的中小企业，数字普惠金融能够提供必要的资金支持，帮助其在产品研发等方面实现突破，推动传统产业的转型升级。

然而，数字普惠金融在发展过程中也面临着一些挑战。发展理念滞后，许多地区和金融机构尚未充分认识到数字普惠金融在推动产业结构优化中的重要作用，导致投入不足，未能有效将数字普惠金融与乡村振兴等国家战略相结合。经营思路的落后也是一个重要问题，许多金融机构缺乏对中小企业的足够重视，未能从根本上解决其"融资难、融资贵"的问题，也未能充分发挥对创新型中小企业的扶持作用。

数字普惠金融的发展体系尚不完善，部分地区的地方政府未能将数字金融发展纳入整体规划，缺乏对数字普惠金融发展的良好环境政策和实施方案。此外，数字普惠金融的发展模式也需要更新，大多数地区的数字普惠金融尚未与当地产业结构优化升级紧密结合，大数据分析市场需求较少，且在不同地区的发展进程中存在明显差异。

为充分发挥数字普惠金融在产业结构优化升级中的作用，需要从发展理念、经营思路、发展体系、发展模式等多个方面进行积极创新。这包括加强数字普惠金融与国家战略的融合，提升金融机构对中小企业的重视，完善数字普惠金融的发展体系，更新发展模式，以及平衡不同地区的发展差异。通过这些措施，数字普惠金融将更好地服务于产业结构的优化升级，为经济的高质量发展提供有力支撑。

三、数字金融驱动经济高质量发展的机制与路径

随着数字化时代的到来，金融行业也迎来了新的机遇与挑战。数字金融作为信息技术和金融业的深度融合产物，正在显著改变着金融行业的发展模式、业务形态和监管模式，成为促进经济高质量发展的重要驱动力。

（一）数字金融驱动经济高质量发展的机制

数字金融作为新兴金融业态，拥有不同于传统金融业的优势。首先，数字金融具有高效性；其次，数字金融具有全球性。数字化技术的应用打破了传统金融业的地域性限制，任何一个地区的个人、企业均可参与进入数字金融系统，拓宽了融资渠道。数字金融驱动经济高质量发展的机制主要体现在以下方面：

第一，扩大金融服务市场空间。数字金融打破传统金融业的地域限制，为更多的个人、企业提供便捷的金融服务，拓宽了市场空间。

第二，提高金融服务效率。数字化技术的应用使金融交易的效率大大提高，缩短了交易周期，提高了资金利用效率，有利于提高企业的效益。

第三，支持企业风险管理和增收。数字金融具有高质量的数据资源，利用数据分析，可以更好地支持企业风险管理和增收。

（二）数字金融驱动经济高质量发展的路径

数字金融如何为经济高质量发展提供有力支持、发挥重要作用？关键在于需

要从多个层面进行着力。

第一，加强数字化技术的应用与研发，推动数字化技术与金融业的深度融合，突破数字化在金融领域的瓶颈。

第二，加强对中小企业的支持，拓宽融资渠道，促进金融服务市场的健康发展。

第三，加强对信息技术和金融的深度融合，推动金融服务效率的提高，促进经济高质量发展。

第四，加强金融产品和服务的研发和创新，适应市场需求变化，满足不同群体的金融服务需求，提高金融服务的覆盖面和深度。

第五，加强金融监管，建立健全的金融市场监管机制，保障金融市场的健康发展，防范金融风险。

第六，探索协调统一的数字金融监管路径。在应对数字金融这一跨领域、高动态性的金融新业态时，我国金融监管体系正面临前所未有的转型需求。鉴于传统分业监管模式在应对数字金融复杂性与创新性上的局限性，探索一条协调统一的数字金融监管路径显得尤为迫切，旨在通过协同机制强化监管效能，促进数字金融与传统金融体系的和谐共生。

第七，清晰界定并强化各监管主体的职责边界，同时构建协同监管的框架体系。在坚持"一行三会"作为金融监管核心力量的基础上，需进一步细化工商、税务等部门在数字金融领域的监管职责，形成跨部门监管合力，共同应对数字金融可能引发的区域性风险。此外，鉴于数字金融模糊了传统金融服务边界，加强监管机构间的信息共享与内部沟通机制成为关键，以确保监管措施的及时性与有效性。同时，应确立统一的监管标准与灵活的监管尺度，既保障金融安全，又鼓励数字金融领域的创新活力。

第八，强化行业自律机制，是构建数字金融监管体系不可或缺的一环。鉴于数字金融行业的快速发展与监管滞后之间的矛盾，推动成立数字金融行业协会，制定行业规范与标准，对于引导企业合规经营、维护市场秩序具有重要意义。通过行业自律，不仅能够弥补政府监管的空白地带，还能激发市场主体的自我约束能力，促进数字金融行业的健康可持续发展。在此过程中，应充分发挥龙头企业的示范引领作用，带动整个行业向规范化、标准化方向发展。

第九，合理安排行业自律与政府监管的关系，是实现数字金融监管高效协同的关键。政府监管以其权威性和强制性为行业稳定提供坚实保障，而行业自律则以其灵活性和自发性促进市场活力。两者相辅相成，共同构成了数字金融监管的双轮驱动。因此，在监管实践中，应建立政府监管与行业自律的定期沟通机制，就金融创新、风险评估等核心议题进行深入交流，确保监管政策既能有效防控风险，又能充分激发市场创新活力，实现数字金融行业的长远发展与金融体系的整体稳定。

第十，参与数字金融国际监管活动，提高国际金融治理话语权。中国已成为数字金融发展的"领军者"，通过主动制定数字金融发展的行业标准，为各国数字金融发展提供指引。在此基础上，我国还应把握数字金融发展的领先窗口期，积极参与数字金融国际监管活动，与国际组织和各国建立数字金融监管沟通机制，并做好数字金融发展与监管的国际规则制定工作，提高国际金融治理话语权。

第三节 数字文旅产业的融合发展创新

一、数字文旅产业"跨界融合"的本质

数字文旅产业的"跨界融合"本质，根植于互联网技术的深度融合特性，这一进程不仅标志着传统文旅产业向数字文旅经济的深刻转型，更是数字技术作为核心驱动力，促成文旅产业边界模糊与新兴业态涌现的关键。在此过程中，技术融合引领业务融合，最终推动产业层面的深度融合，其核心在于生产与消费的直接对接与融合。数字文旅产品，作为这一融合过程的产物，以数字化信息为基石，通过虚拟化手段重构了产品形态、生产要素及供需模式，彻底颠覆了传统旅游业对地域资源的依赖，实现了产品设计、生产、分配、流通、消费的全链条数字化、网络化运作。

数字文旅产业同样体现了技术迭代迅速、生产数字化、传播网络化、消费个性化的特征，同时融合了文旅产业的资源多样性、市场广阔性及产业关联性优势。在界定数字文旅产业时，需深刻把握其跨界融合的本质，兼顾技术与文旅产业的双重属性，特别是产业间的结构性融合特性，即需求导向性、经济集合性及融合协同性。

具体而言，数字文旅产业以数字技术为引擎，依托设备设施与互联网平台，围绕文旅创意内容，通过全过程的数字化、网络化、智能化转型，构建了一个协同共生、开放共享的新型数字经济生态。相较于传统文旅产业，数字文旅产业展现出三大显著优势：其一，动能转换与核心竞争力重塑，从依赖资源、资本转向依托数字技术，通过虚拟化场景内容的创造与传播，形成多样化的平台商业模式，产业边界趋于模糊，新业态层出不穷；其二，系统韧性与稳定性增强，技术融合构建的稳定而灵活的体系，有效抵御了单一环节风险对整个系统的冲击，提升了产业生态的抗干扰能力；其三，产品特性的根本变革，数字文旅产品打破了时空限制，具备可复用性、易改性及全球传播性，更加符合知识经济时代的可持续发展要求。

二、数字文旅产业的融合特性

数字文旅产业的融合特性，不仅保留了传统文旅产业在促进消费、经济增长、就业稳定及民生改善等方面的基本功能，更通过深度融合数字技术，展现出独特的数字经济融合功能，为产业转型升级注入了新的活力。

第一，该产业展现出强大的立体协同共振效应。在数字化、网络化、智能化的驱动下，传统文旅产业的界限被打破，形成了一个高度互联、协同共生的新产业生态圈。这一生态圈跨越行业、企业与用户，通过广泛参与、共享共建，实现了全社会层面的资源优化配置与效益最大化，形成了显著的"共振效益"。

第二，资源整合提升功能显著。数字文旅产业通过整合数字技术资源与文旅内容资源，实现了从生产到消费全链条的资源优化配置。这一过程不仅打破了地理空间的限制，促进了资源的全球化共享，还推动了供应链要素资源的深度整合，实现了从链式到网状的转变。同时，线上线下产品资源的融合升级，以及消费市场资源的跨界整合，进一步提升了产业的整体效能。

第三，聚势赋能裂变功能凸显。作为数字文旅产业的核心生产要素，数字技术以其聚势赋能、聚合裂变的特性，为产业各环节、各主体提供了协同聚集发展的平台。这不仅促进了产业链要素的快速集群，形成了协同优势、规模优势等，还通过不断创新产品内容、创造新消费场景等方式，推动了产业的裂变式发展，实现了循环往复、螺旋上升的产业生态。

第四，虚拟产业集群的构建，是数字文旅产业的又一重要功能。这一模式突破了物理空间的限制，通过云端平台将全球范围内的供应商、企业、机构或个体紧密连接在一起，形成了专业化分工与整体协作的虚拟产业集合体。这不仅为实体文旅经济带来了线上线下的融合互动，还推动了区域分工体系向全球化、网络化的转变，为参与者提供了国际集群竞争力与全球影响力的共享共赢机会。

第五，系统集成优化功能是数字文旅产业融合发展的核心保障。数字技术促使产业各要素实现"细胞级连接"，形成了命运共同体。在这一大系统中，各成员因共同的价值创造而紧密相连，通过资源共享、要素流动与价值发挥，实现了效益的最大化、价值的最优化与竞争力的全面提升。同时，这一过程也促进了营商环境的透明化、公开化与高效化，为产业的可持续发展奠定了坚实基础。

三、数字文旅产业的协同生态结构

数字文旅产业的协同生态结构体系的逻辑构建深植于数字化与互联网思维的土壤之中，又以数字内容为核心驱动力，构建了一个多层级、多维度、相互依存的产业生态体系。这一体系遵循技术支撑、设施设备、内容产品、平台终端的递进逻辑，展现出高度协同与动态平衡的特征。

技术支撑层作为体系之基，集成了数字化、网络化、智能化三大关键技术，三者间形成了梯次递进、互为支撑的关系网。数字化技术作为信息获取的基石，确保文旅资源的精准数字化；网络化技术则构筑了信息流通的高速公路，促进数据的无界传输；智能化技术则以前沿 AI 技术为引领，实现信息的深度挖掘与高效利用，提升用户体验的个性化与智能化水平。这一技术架构不仅体现了技术融合的阶段性特征，更为整个产业生态的持续演进提供了坚实的基础。

设施设备层，作为技术落地的关键载体，涵盖了感知、通信、网络、终端四大关键环节，它们各司其职，又紧密协作，共同构成了文旅资源数字化、数据传输与终端交互的闭环系统。感知设备作为前端触角，捕捉文旅资源的每一个细节；通信设备与网络设备则搭建起数据传输的桥梁，确保信息的无缝流通；终端设备作为用户交互的直接界面，实现了人与文旅世界的深度连接。

产品类型层，作为数字文旅产业的核心价值所在，其产品分类深受技术特性与市场需求的影响。内容性产品以文化传承与创新为使命，通过数字化手段提升文化内容的传播力与感染力；交互性产品则聚焦于沉浸式体验，利用人机交互技术打造虚拟与现实交融的文旅新境界；服务型产品则贯穿线上线下，以用户需求为导向，提供全方位、个性化的旅游服务，推动产业融合与转型升级。这三类产品相互交织、相互促进，共同塑造了数字文旅产业的多元产品体系。

应用平台层作为体系之巅，汇集了综合平台、社交平台等多元化渠道，成为内容产品全球化推广与价值放大的重要舞台。它与产品类型层紧密相连，通过精准匹配与高效分发，将优质内容精准送达全球用户，进一步拓宽了数字文旅产业的市场边界与影响力。

四、数字文旅产业融合实现

数字产业化与产业数字化为两大核心策略，其中产业数字化的推进尤为艰巨，它要求构建一支深刻理解数字经济规律并具备创新能力的产业队伍。此队伍需认识到互联互通已成为新时代的基石，促进跨企业、跨部门、跨行业的自由融合，推动传统以文旅资源开发为中心的商业模式向以数据为核心的新模式转变。企业思维需从"拥有"向"链接"跃迁，竞争逻辑则演进为共生共享的共赢模式，强调以用户体验与服务为核心，积极构筑跨界合作与企业联动的新场景、新业态，以激发新价值的创造。具体而言，实现路径涵盖以下关键维度：

第一，用户导向，即数字技术深刻改变了文旅消费行为，催生了云游、智能化体验、个性化网络定制等新消费模式。数字博物馆、数字图书馆等新型业态的兴起，尤其是国家级文博单位的创新实践，展示了以用户需求为导向优化供给服务的重要性，这是维持产业竞争优势与可持续运营价值的关键。

第二，价值驱动，强调在协同生态圈中，平台作为供需双方直接交互的桥梁，促进了价值链分工的扁平化，降低了成本，提高了效率。同时，大数据技术的应用使市场需求信息反馈更为迅速，为差异化供给与价值链条优化提供了可能，促进了以消费者为中心的多元利益主体共赢的新商业模式的形成。

第三，内容为王，数字文旅产业的核心竞争力在于内容产品。优质内容需触动人心、引发情感共鸣，并赋予消费者对美好生活的向往。因此，从用户需求出发，整合全球文旅资源，重构场景与剧情，成为实现产业协同共赢的必由之路。

第四，平台突破，平台不仅是产品流通消费、传播推广的通道，也是新商业模式变革的载体。构建国家级一体化共享服务平台，整合各类涉旅资源，同时鼓励个性化、特色化平台的创建，全面提升平台运营能力，是支撑产业生态健康持续发展的关键。

第五，分类施策，融合进程中需立足现实，着眼长远，通过政策引导分类培育市场主体。重点强化领跑型企业的自主研发能力，孵化具有创新潜力的独角兽企业，扶持智能研发制造型企业，并促进合作型平台企业的协同发展。这一系列措施旨在构建一个协同合作、共享共赢的高品质产业生态圈，加速文旅产业的数字化转型与升级。

五、推动数字文旅产业高质量发展的创新机制构建

在推动数字文旅产业迈向高质量发展的进程中，构建创新机制显得尤为关键，这不仅是对文旅要素资源重组、经济结构重整、竞争格局重塑的迫切需求，也是应对传统商业文明惯性挑战、弥补数字技术认知与应用短板的必由之路。鉴于此，需从多维度出发，创新融合发展机制，以加速产业转型升级。

第一，强化统筹协同的数字合作机制建设。鉴于数字文旅产业的跨界融合特性，其发展深度依赖于数字技术与文旅资源的深度融合。因此，构建跨领域、跨行业、跨部门、跨区域的协同合作体系至关重要。通过设立国家至地方四级联动的统筹协作领导小组，能够有效促进数字资源与文旅资源的整合共享，规划协同，以及设施设备的高效利用，从而提升整体协同效应。

第二，构建坚实的数字安全屏障机制。面对数字技术带来的机遇与挑战并存

的局面，确保数字文旅产业的安全发展是首要任务。这要求既要在法治层面完善相关法律法规体系，与现有网络安全、数据安全、个人信息保护等法律形成互补，又要建立前置性的安全防护机制，覆盖信息基础设施、核心技术、数字平台及用户信息安全等多个维度，为产业健康发展筑起坚固防线。

第三，创新线上线下融合的投融资机制。鉴于数字经济技术的快速变化特性，需国家层面出台激励政策，为文旅经营项目的数字化建设提供政策补贴与金融支持。同时，鼓励地方政府探索线上线下融合的投融资新模式，通过政策奖补与品牌创建活动，激发市场活力，促进新业态、新消费的形成与发展。

第四，加速建设数据要素畅通流转的市场机制。顺应国家数据要素市场化配置的改革方向，设立数据要素市场化改革试验区，探索适合数字文旅产业的运营机制与交易平台，明确数据确权、定价及交易监管机制，打破数据流通壁垒，提升数据要素流通效率，为产业发展注入新动力。

第五，完善数字文旅复合人才的产教联合培养机制。针对数字文旅经济对复合型人才的迫切需求，需从政策层面推动教育体制与产业需求的深度融合。通过建设产教联合培养基地与实训就业基地，贯通人才培养全过程，培养既精通数字技术又熟悉文旅专业知识的复合型人才，为产业创新发展提供坚实的人才支撑。

第四节　数字经济下智慧交通的发展

智慧交通作为经济社会的重要组成部分，其科学且完善的建设模式对于推动经济社会的稳定发展具有积极意义。因此，相关管理部门应当根据当前经济社会的发展状况，明确智慧交通建设的主要方向，构建新型技术方案，逐步更新原有的建设模式，为我国经济社会的发展提供更多助力。

一、智慧交通的功能

智慧交通是随着科技水平不断提高而出现的新型体系项目，其在优化交通管理方面的价值尤为突出，具有丰富多样的功能内容。

第一个功能内容是信息服务。以互联网为代表的数字技术，推动了交通运输行业的稳定发展。配合智慧交通，利用互联网技术和通信技术，高效地获取车辆信息及监控信息等相关数据，帮助交通参与者了解整个道路的运行情况。同时，将各类信息进行整理和加工，为交通管理提供了诸多便利。此外，数字化技术加快了交通运输行业智慧化的发展进程。配合地理信息技术和卫星定位技术，协助交警部门做好流动调度和事故管理等工作，是车辆高效率运行的重要保障。同时，配合车辆运行监控和电子停车收费（ETC）等不同功能模块，使信息服务内容更加完善，加快智慧交通的建设步伐。

第二个功能内容是安全服务。数字化技术有助于推动交通运输行业的协调发展，而安全管理则是利用车辆与周边基础设施收集的信息进行有效的交通管理。例如，事故信息和紧急情况等。互联网可以提前告知驾驶员道路中的安全隐患，加快信息传递的速度，方便驾驶员调整驾驶信息，从而进一步保障驾驶的安全性。在智慧交通安全服务中，涵盖了辅助驾驶和碰撞预警等不同功能模块，为交通的安全和稳定运行提供了重要的保障。

第三个功能内容是节能服务。旨在创建环境友好的交通运输模块。通过利用互联网技术，可以优化行驶路线，及时反映车辆的运行信息，例如燃料消耗量和废气排放量等。在此基础上，进行科学的规划，减少交通运输过程中的能源消耗和对周边环境的影响，充分体现智慧交通的利用优势。

第四个功能内容是保障服务。利用数字化技术实现和促进交通运输行业的全方位发展。例如，通过数字技术进行网络化管理，确保各种交通服务更加便捷，涵盖了车辆维修、配套服务等不同工作模式，有效优化了当前的建设体系。

二、数字经济下智慧交通发展对经济社会的影响

（一）提高资源的配置率

在数字经济浪潮的推动下，智慧交通作为新兴经济形态的典范，显著优化了资源配置效率，深刻重塑了经济社会运行模式。该领域通过深度融合互联网技术，实现了生产要素的智能调度与高效匹配，促进了资源的集约利用与优化配

置。智慧交通的兴起，标志着创新成果与交通运输业的深度融合，不仅增强了社会整体创新能力，还强化了各主体间的互联互通，构建起基于互联网的紧密协作网络。具体而言，智慧交通平台如高德打车等，通过精准匹配乘客与出租车资源，极大加速了信息流通速度，构建起多元化的服务互动体系，有效缓解了信息不对称问题，显著降低了供需双方的搜寻成本，进而提升了整体运营效率。实践数据表明，此类平台显著提高了出租车行驶效率，减少了车辆闲置时间与里程，降低了油耗，彰显了其在节能减排与经济效益提升方面的双重价值。

进一步地，数字技术的持续演进促进了产权结构的优化调整，特别是在车辆资源利用方面。传统模式下，车辆所有权与运营权高度统一，限制了资源灵活配置的可能性。而今，借助数字技术的赋能，构建了高效的信息服务平台，实现了车辆资源在所有权与运营权分离基础上的高效联动与深度加工，充分挖掘了车辆的使用潜力。这一转变不仅极大地提升了运营效率，还促进了服务模式的创新，为市场提供了更为丰富、差异化的中高端服务选项，满足了多元化出行需求，对于推动社会经济平稳健康发展具有深远意义。

（二）增加就业的人数

智慧交通在促进经济社会稳定发展中发挥了重要作用，其中之一就是增加了就业机会。虽然数字技术的利用对传统出租行业造成了一定冲击，但也为网约车服务模式的实施提供了基础。社会车辆所有权和使用权的分离使得部分专车和顺风车等服务行业得以发展，扩大了就业人数，兼职司机数量持续上升。人们利用业余时间或上下班时间从事专车和顺风车服务，带动了社会经济的稳定发展，增加了社会就业机会。同时，数字技术的应用使社会分工更加细化，分工环节参与者增加，雇佣关系也逐渐多样化。例如，神州专车的互联网租车平台拥有自有车辆和司机，承担车辆损耗和司机成本等，利用移动互联网提供多样化的打车服务。在数字经济背景下，这种模式产生了新型的雇佣关系。通过增加社会岗位的就业量，进一步提高了经济社会的发展实力。

（三）提升交通管理的效率

传统的交通管理工作过于依赖人工，但由于交通管理的内容和事件极为复杂，任何环节的微小偏差都可能影响整体的管理效率。因此，随着科技水平的不断提高，智慧交通领域得到了有效开发。通过广泛运用互联网技术，搭建了完善的互联网监管平台，并融入大数据技术进行全方位的质量信息监测，能够对交通违法和紧急情况进行即时反应，显著提高整体的管理效率，并降低管理成本。配合大数据技术的云计算搜索，管理部门能够更精准地获取相关交通管理信息。这使得整个管理模式变得更加高效、简洁，并加强了各主体之间的联系，为交通管理提供了强有力的支持，进一步彰显了智慧交通行业的发展优势。

随着中国科技水平的持续提高，智慧交通领域取得了长足的发展，并与节能管理、运输效率管理等方面进行了有效的融合。例如，车联网技术的运用能够降低20%的能源消耗和30%的排气排放物，同时提高交通的通行能力，有效降低车辆事故的发生概率，从而优化智慧交通的发展模式。

三、数字经济背景下促进智慧交通发展的路径

（一）强化智慧交通顶层设计

为了充分发挥智慧交通建设对经济社会的影响，在实际工作中，需要深入理解智慧交通建设的核心理念。只有明确了这些理念，才能更好地规范各种建设行为，为经济社会发展提供强大动力。智慧交通作为新一代的数字化技术，在交通领域中的应用顺应了数字经济的发展趋势，并注入了科学和创新元素，提升了整体的建设效果。在建设过程中，需要推动交通管理模式向更高阶段发展，实现原有交通发展方向的变革。这需要从技术和管理的角度出发，构建各种体系建设模块，以确保智慧交通建设的规范性。为此，需要实现数字技术与交通运输行业的融合创新，形成全新的智慧交通发展体系。同时，还需要相关部门的政策引导，以推动智慧交通朝着新的方向不断进步。例如，可以在国家层面制定智慧交通专项发展策略，以国家战略为基础，明确智慧交通的发展重点。通过打破以往的管理壁垒，利用综合交通管理思维和大数据技术提高交通管理效率，进一步提升智慧交通的发展水平。在智慧交通发展过程中，还需要具备动态化思维，针对当前存在的问题提出科学的管理策略和发展建议，并做好各发展环节的有效监督，有

助于完善智慧交通模式，确保各项交通管理工作的有序进行。

在后续工作中，需要根据智慧交通的发展现状，制定全新的行业管理模式。例如，修订现有立法和管理规章制度，落实全过程的管控思路，构建长效的创新机制，在交通事业中形成闭环管理。这样不仅可以加快信息传递的速度，还有助于使智慧交通管理模式更加科学，进一步提高整体发展水平。在这个过程中，各部门之间需要进行深入的合作与交流，认真分析智慧交通的核心建设内涵。然后，应引入先进的技术方案，解决以往智慧交通发展中存在的问题。通过逐步地改进和实施，我们可以丰富智慧交通中的科技含量，进而促进数字经济的稳定发展。

（二）统一智慧交通行业发展规范

在智慧交通的发展中，统一行业规范是至关重要的环节。相关部门应根据实际情况制定明确的融合标准，并加强顶层设计的力度，促进信息的互联互通。从宏观到微观，应贯彻自上而下的工作原则，建立全新的智慧交通发展体系。此外，还需根据实际工作需求创新子系统的顶层设计，确保各项智慧交通建设符合预期的发展要求，并遵循科学性的工作原则。在实施过程中，需要协调好技术管理与顶层设计之间的关系，利用先进的技术方案推动智慧交通管理模式的创新发展。通过科学配置资源，减少各种因素对智慧交通发展的影响。同时，还应将智慧交通与其他行业进行联动，共同推动行业共性标准的建立。例如，加快跨地区和跨系统的建设标准，特别是加强与数字经济的联系，形成多元化的智慧交通发展体系。在形成完整合力的基础上，提高智慧交通行业的整体发展水平。

值得注意的是，在各项工作的实施过程中，应以国内国际智慧交通发展标准为指导，加快体系优化的步伐。根据我国智慧交通的发展现状，逐步形成完善的智慧交通建设标准。然后与国际建设模式相融合，更新现有技术方案，逐步提升智慧交通的发展实力，从而提高整体的建设水平。例如，在行业标准的建立过程中，应严格按照智慧交通的发展现状和相关法律法规进行建设，确保标准的科学性。只有这样，才能逐步推动智慧交通建设的有序进行，贯彻落实全新的标准思路，提高整体的工作水平。

(三) 重视智慧交通创新能力建设

随着时代的不断进步，经济社会和我国人民对智慧交通的需求逐渐增加。为了减少各种因素对智慧交通发展的影响，我们应突出现代化的工作思维，重视创新能力的建设，以确保智慧交通的实施效果。

首先，在实际工作中，我们需要大力推行数字化技术，与交通运输行业进行深度融合。重点发挥云计算、大数据等技术的优势，开发全新的技术模式，搭建完善的智慧物流体系。同时，结合互联网平台，创新技术模式的应用。此外，我们还应积极扩展公共交通领域，推行互联网的创新要素。将不同的工作理念相互融合，实现智慧交通生产要素的科学分配。这样不仅能逐渐提高整体的竞争实力，还能进一步提升智慧交通的发展水平。

其次，在技术发展的过程中，需要加强对数据开放建设的重视程度，深入研究我国大数据战略的实施要求。强化交通数据的管控能力，为智慧交通发展提供多样化的支持。例如，在实际工作中，需要优化公共交通数据的资源量，显著提高智慧交通的建设力度。同时，需要与国家政府交通信息平台进行联动，搭建基础性的交通数据管理库，实现数据的共享和开放。此外，还需要配合完善的安全管理技术实施，确保信息储存的安全系数，逐步优化数据管理模式。重点在于对数据进行有效分类和分级，与智慧交通发展系统进行融合，使各项智慧交通管理模式更加科学，从而完善数据的管理体系。同时，相关部门还需要强化对智慧交通数据管理功能的有效研发，更加贴合实际的发展现状，为数字经济的创新提供重要支持。

值得注意的是，智慧交通是一个动态发展的进程。在实际管理过程中，为了减少智慧交通发展的影响因素，需要强化数据的有效研究，与当前数字经济发展方向进行协调，保证技术的使用效果。此外，还可以适当借鉴发达国家在智慧交通建设方面的相关经验，整理丰富的信息素材，确保整体管理效果得到进一步保障。将智慧交通建立为长期的创新机制，以丰富的技术为主要支持，提高智慧交通的发展效果。

第五节　数字经济下医疗数字化与数字医疗

一、医疗数字化是个长期持续的过程

"医疗数字化是将现代计算机技术、信息技术应用于整个医疗过程的一种新型的现代化医疗方式，是公共医疗的发展方向和管理目标。"[①] 数字世界的建立肇始于信息科技革命，助推于数字经济的快速发展，完善于社会各领域的深入应用与融合，是在信息数字技术不断发展，技术不断更新迭代，数字技术与各社会领域日益融合，法律、政策与社会管理制度的不断完善中，一步一步逐步推进和演变的。因此，虽然数字时代已经来临，但我国数字世界的建设还有漫长的路要走，为此我国"十四五"规划明确提出加快数字化发展，建设数字中国。

医疗作为维护人类生命健康所必需的活动，具有非常悠久的历史和丰富的实践，作为医疗活动的学术和学科体系的医学随着社会发展和科技进步也经历了由生物医学模式到生物—心理医学模式，再到生物—心理—社会医学模式的转变。数字医学的发展来源于医疗数字化的理论完善与实践深化，是由美国学者最先探索和推动发展的，此后欧洲一些国家和日本、韩国、新加坡等陆续也有进展。在信息技术、数字技术的发展大潮中，传统的医疗实践与信息技术、数字技术不断碰撞、交叉、融合，医疗数字化经历了远程医疗、网络医疗、移动医疗、互联网医疗、大数据医疗、人工智能医疗、数字医疗的融合与蝶变，其中远程医疗、互联网医疗、大数据医疗、人工智能医疗是医疗数字化过程的重要节点。随着数字时代的来临，数字医疗无疑成为数字中国建设的重点领域，数字医学模式将越来越受关注和重视，但当前我国数字医疗的建设还处于起步阶段，尚处在真实世界医疗向数字医疗转化的过程中，数字医疗建设仍然任重道远。

[①] 戚飞. 众里寻他千百度：医疗数字化 [J]. 张江科技评论，2021 (04)：50.

(一) 医疗数字化的初始阶段

作为一种新的医疗服务形式，远程医疗是指利用通信技术和计算机多媒体技术远距离提供医疗服务的活动，其本质是通过信息技术让医疗技术和医疗服务实现远距离的对接、协同与共享。最早的远程医疗应用是1935年通过无线电台为远航船舶上的海员及乘客提供应急医疗咨询服务。通过信息技术与网络技术和医疗活动的紧密结合，远程医疗实现了医疗相关的信息在不同地区、不同级别的医疗机构和医务人员之间的共享与交流，让边远、贫困地区在当地医疗技术和医疗水平不高的情况下，也能获得高级别医院和高水平医师的医疗服务指导成为可能，为解决边远、基层地区的医疗资源不足问题提供了一条较好的途径。

我国幅员辽阔，各地医疗水平参差不齐，优质医疗资源主要集中在大城市的大医院，边远地区和基层医疗资源不足等问题突出，远程医疗受到我国政府、社会和公众的广泛关注。时至今日，作为最初的医疗数字化形式，远程医疗仍继续应用，仍然发挥作用，但随着互联网医疗、人工智能医疗的兴起，人们对远程医疗的关注已大不如从前。

(二) 医疗数字化的重大突破

随着信息技术与数字技术的持续革新，医疗数字化进程显著加速，并稳步迈入互联网医疗的新纪元。互联网医疗，作为这一融合趋势下的标志性成果，正逐步确立其在健康保障体系中的独特地位，它超越了传统远程医疗的机构间局限，使医务工作者能够跨越地理界限，依托互联网平台为广泛的患者群体（特别是针对常见病、慢性病复诊患者）提供便捷高效的医疗服务。这一变革标志着医疗服务模式的深刻转型，实现了从物理空间到数字空间的跨越，形成了点对面的服务新形态，极大地拓宽了医疗服务的覆盖范围与可及性。

我国互联网医疗的迅猛发展态势尤为显著，其概念与内涵虽在动态调整中尚未形成统一权威定义，但不妨碍其在实践中的蓬勃兴起。学界与业界从不同维度积极探索，试图精准描绘其轮廓，一度聚焦于穿戴设备与互联网平台作为服务载体，以及信息技术作为核心驱动力的角色，涵盖了互联网诊疗、健康咨询、辅助服务等多维度内容。随着相关政策法规的出台，互联网医疗被正式划分为互联网诊疗与互联网医院诊疗两大板块，进一步明确了其发展方向与监管框架。

尤为重要的是，互联网医疗合法性的确立，是对远程医疗服务模式的一次重大突破，也是医疗数字化进程中的关键里程碑。鉴于医疗行业的特殊性及其对生命健康的直接影响，法律政策的完善与技术进步并驾齐驱，成为推动医疗数字化不可或缺的双轮驱动。互联网医疗打破了传统医疗服务的地域与机构壁垒，直接面向患者提供服务，其合法性曾引发广泛讨论与质疑。然而，《中华人民共和国医师法》的颁布实施，不仅在法律层面为互联网医疗正名，还终结了关于其合法性的长期争议，为医疗数字化构筑了坚实的法治基石。这一举措不仅促进了互联网医疗的健康发展，更为医疗行业的全面数字化转型铺设了宽广的道路，开启了医疗服务模式创新与效能提升的新篇章。

（三）医疗数字化的关键环节

人工智能医疗，作为医疗数字化战略版图中不可或缺的关键环节，根植于人工智能这一跨学科技术科学的深厚土壤之中。自20世纪50年代起，人工智能的概念被提出，旨在模拟、拓展人类智能边界，历经数十年发展，尤其在进入21世纪后，得益于算法革新、计算力飞跃及互联网数据洪流的滋养，其技术成熟度与应用广度均实现了质的飞跃。

医疗领域，作为人工智能技术应用的前沿阵地，见证了从理论探索到实践应用的深刻变革。早期如20世纪70年代的"快捷医疗参考"软件，已初显AI辅助诊断的潜力。近年来，随着全球范围内，特别是IBM"沃森"等超级计算机系统在医疗领域的深度介入，人工智能医疗的版图迅速扩张。在中国，尽管起步较晚，但凭借政策引导、科研创新与市场活力的多重驱动，医疗人工智能领域取得了显著成就，多家顶尖医疗机构、高校及高新技术企业携手并进，在疾病诊断、治疗方案优化、患者管理等方面取得了突破性进展。特别是在新冠疫情的全球挑战下，中国人工智能医疗辅助诊断系统迅速响应，不仅加速了医疗产品的市场化进程，更实现了从技术追赶到与国际并跑的跨越，彰显了我国在医疗人工智能领域的强劲实力与创新能力。

在医疗数字化的宏观框架下，人工智能医疗扮演着从"机械化"向"智能化"跃迁的关键角色。它实现了远程医疗与互联网医疗在物理与时空限制上的突破，进一步实现了医疗信息处理的智能化、决策支持的精准化，为医疗服务提供者装备了前所未有的"网络虚拟大脑"。这一转变，不仅极大地提升了医疗服务的效率与质量，还促进了医疗资源的优化配置与利用，为医疗行业的数字化转型注入了前所未有的动力与智慧，预示着未来医疗服务将更加个性化、高效化、智能化。

二、数字医疗的特点

（一）电子化医疗

数字医疗的核心起始于电子化医疗，电子化是数字医疗的基础阶段和前提条件。通过信息化和数字化技术，使医疗的所有环节和全部流程都电子化，通过计算机、网络等数字化方法进行医疗服务的提供和获得。通过电子化，使医疗活动逐步由真实物理世界的医疗活动向数字世界的医疗活动转变。这还只能解决医疗增量的数字化问题。要真正实现数字医疗还得通过信息化和数字化技术，对产生的医疗活动的记录和信息的电子化，实现医疗活动存量的电子化，并最终实现医疗活动的全部电子化，为构建完整的数字医疗系统打下基础。

（二）自助式医疗

建设数字医疗的目标并不是为了数字化而数字化，而是为了构筑全民畅享的数字生活，是为了让广大人民群众能享有更加方便、快捷的医疗保健服务。因此，数字医疗的另外一个特点是自助式医疗。通过数字医疗建设，让广大患者从现有的复杂医疗服务流程中解脱出来，并尽可能地从专业晦涩的医学专业知识中解脱出来，让患者能更多地通过自助行为，便捷地获得医疗服务，并尽可能地让患者或大众能基本看懂医疗的各种检查数据和检验结果，让患者看病就医尽可能方便和人性化。目前的医疗数字化过程也一直在推进自助医疗的深入应用发展，尤其是互联网医疗和人工智能医疗的发展。互联网的快速发展，让患者在挂号、缴费、查看检查结果等诸多方面都能通过网络系统自助进行，这方面的成就已经有目共睹。尽管人工智能医疗还在起步阶段，由于技术和政策法律方面的限制，人工智能医疗对医疗自助的作用还远没有充分发挥，但随着人工智能医疗技术快速发展和相关法律政策的完善，人工智能医疗必定会在推荐自助医疗方面发挥重要作用，使广大患者就医变得更便捷，就医体验也会变得更好。

（三）参与式医疗

数字医疗的另外一个重要特征就是参与式医疗。随着社会观念进步，医疗理念的更新，医疗管理制度的完善，医疗模式逐步从医方主导的家长式医疗向医患双方平等协商的家人式医疗转变。对患者权益的保障和患者自决权的充分尊重已经成为当代医疗质量与医疗安全管理的核心主题之一。让患者充分参与到医疗决策中来是保障医疗质量与医疗安全的重要途径。数字医疗作为未来的医疗模式，必定是参与式医疗。

除了医疗理念的进步，技术的进步与应用也更能促进患者对医疗活动的深度参与。数字医疗的建设，将使所有的医疗环节和流程数字化，所有的医疗记录也保存在数字医疗世界里，不仅方便医师对患者健康情况及医疗记录进行及时的查询与使用，也更加有利于患者对医疗决策的参与。数字医疗情景下，患者的数字医疗档案既包含了患者提供的个人健康与就诊信息，同时也记录了患者所有接诊医师的医疗诊断结果与治疗方案等，构成了一个完整的患者个人数字医疗信息系统。有了这样的数字医疗信息系统的支撑，无疑能使患者对自身医疗状况、疾病演变和病情转归、可能的处置方案及产生的后果都有更深入的认知与理解，这些都能增进患者参与医疗决策的意愿，也能提升患者参与医疗决策的能力，这些进步也将进一步推动参与式医疗的发展。

（四）及时性医疗服务

及时性医疗是可及性医疗的更高形态。医疗服务的可及性是卫生管理的基本内容之一，传统意义上谈医疗服务可及性主要分为地理上的可及性、服务上的可及性和经济上的可及性。在数字医疗时代，对医疗服务的可及性转换为及时性。

在数字医疗情境中，医疗服务通过网络化、数字化、智能化的虚拟医疗服务体系与真实世界的医疗服务主体共同提供，与传统的仅靠真实世界医疗服务主体提供的医疗服务相比，地理上的可及性问题和服务供给侧提供问题已经理论上得到解决，随着经济发展和社会保障制度的完善，医疗经费保障问题也将逐步得到解决。因此，大多数患者的医疗服务需要都能在数字医疗时代得到解决。在数字医疗时代，对医疗服务可及性的要求转化为医疗服务的及时性，即患者的医疗服务需求能否尽可能快、尽可能及时地提供，及时性也成为数字医疗的重要特点和建设目标之一。

（五）大数据驱动的医疗

作为数字时代的"石油"与数字社会的核心组成部分，数据潜藏的巨大价值已经得到充分的体现，基于用户数据的内容推荐、利用需求数据的产品定制、综合监控数据的社会治理等已经在数字经济的各个领域中得到了广泛而普遍的应用。数字医疗作为数字社会的组成部分，数字社会发展的规律和特质，迟早会在数字医疗上得到体现。数字医疗时代，所有的医疗流程和环节都将数字化，因而会产生巨大的医疗数据，这些巨大的医疗数据既可以帮助患者增强对自身健康管理的能力，也能帮助医疗机构和医务人员提高医疗技术水平和医疗管理能力，还能促进药品、医疗器械等医疗产品的研发与生产，医疗保险产品的开发等，将为数字医疗的发展提供源源不断的能量与动力。同时，数字医疗时代，所有的医疗活动都应在大数据基础上开展，充分发掘医疗大数据的分析与预测功能，这也决定了数字医疗是数据驱动的医疗。

（六）协作整合型医疗

数字医疗，作为信息技术与医疗健康深度融合的产物，正逐步成为推动医疗服务体系向协作整合型转变的关键力量。在我国医疗卫生体制改革的大背景下，《基本医疗卫生与健康促进法》的颁布，为构建协作整合型医疗服务体系奠定了坚实的法律基础，明确了医疗卫生服务体系及其构成的法定框架，为未来的体系构建与完善提供了方向性指导。

追溯历史，医疗服务体系的整合概念最初萌芽于传染病防控领域，随着医疗资源纵向整合策略的提出与实践，其重要性日益凸显。早期的研究与实践经验表明，相较于单一的"垂直"管理模式，资源整合策略虽初期成效可能稍逊，却能在长期内展现出更为持久与深远的影响。世界卫生组织对此给予了高度关注，并通过多次国际会议与报告，强调了医疗服务整合对于提升系统响应能力、优化资源配置、满足民众健康需求的重要性，特别是地区级别的整合被视为相对更易实现且效果显著的途径。

在此背景下，数字医疗以其独特的技术优势，成为构建新型协作整合型医疗服务体系的理想载体。根植于互联网开放、协作、共享的精神内核，数字医疗自诞生之初便携带了促进资源高效流动与优化配置的基因。通过信息技术的深度应用与数字技术的不断创新，数字医疗能够打破传统医疗服务体系中的信息孤岛与资源壁垒，促进医疗机构间、医患间乃至跨地域的紧密协作与资源共享。

（七）智慧型医疗

如果说电子化、自助化是数字医疗的基本条件，那么智慧医疗则是数字医疗的高级阶段。通过医疗大数据的充分发掘与应用，通过人工智能算法的更新迭代，数字医疗使医患双方在医疗决策上更加智能化。数字医疗将既有利于患者甚至广大公众的自我健康管理和看病前期的自我诊断咨询，也可以帮助医师进行病人回访管理以及医疗决策优化、业务能力提升等，在整个医疗系统管理效率提升方面，也将更具智慧，将构建一个智慧型医疗服务体系。

第五章 数字经济下的农业发展创新

第一节 对农业的基本认识

农业是人们利用太阳能，依靠生物的生长发育来获取产品的社会物质生产部门。农业生产的对象是生物体，获取的是动植物产品。农业一般指植物栽培业和动物饲养业。植物栽培是指人们通过绿色植物利用太阳的光、热和自然界的水、气以及土壤中的各种矿物质养分，加工合成为植物产品；动物饲养是指人们通过以植物产品为基本饲料，利用动物的消化合成功能，转化成动物性产品。因此，"农业的本质是人类利用生物机体的生命力，把外界环境中的物质和能量转化为生物产品，以满足社会需要的一种生产经济活动"[①]。

一、农业的特性

农业是人类利用生物有机体的生命活动，将外界环境中的物质和能量转化为各种动植物产品的生产活动。因此，农业的特性表现如下：

农业，作为人类社会的重要基石，承载着将自然资源转化为人类所需食物和其他农产品的关键任务。这一生产过程不仅涉及自然环境的利用与转化，还与经济活动紧密相连。以下，我们将深入探讨农业的三个核心特性，以理解这一复杂系统的本质。

（一）自然再生产：农业作为生态系统的构建者

农业生产首先是一个自然再生产过程，它依赖于生物有机体的生命活动。这一过程中，植物、动物和微生物通过摄取环境中的物质和能量，进行生长、发育

[①] 李秉龙，薛兴利. 农业经济学（第3版）[M]. 北京：中国农业大学出版社，2015：1.

和繁殖。例如，绿色植物通过光合作用，将太阳能转化为化学能，利用无机物质合成有机物质，为自身提供生长所需的物质和能量。同时，这些有机物质也成为动物和人类的食物来源。这种自然再生产过程遵循着自然界的生物规律和生态循环。它不仅仅是物质的转化，更是能量的流动和信息的传递。在这一过程中，农业生物与自然环境之间形成了紧密的相互依赖关系，共同构建了一个复杂的生态系统。

（二）经济再生产：农业与市场活动的结合

除了自然再生产，农业生产还是一种经济再生产。这意味着农业生产不仅涉及生物学的过程，还与经济活动紧密相连。在农业生产中，人们投入劳动、资本和其他生产要素，以期获得经济回报。

农业生产的经济性体现在多个方面：首先，农业生产需要合理的资源配置，包括土地、劳动力、资本等生产要素的分配。其次，农业生产需要有效的市场营销策略，以确保农产品的销售和利润最大化。最后，农业生产还需要不断创新，以提高生产效率和质量，满足市场需求。

（三）交织的过程：自然与经济再生产在农业中的和谐共生

农业生产的独特之处在于，它既是自然再生产，又是经济再生产，这两种生产过程相互交织、相互影响。在农业生产中，自然再生产和经济再生产是密不可分的。

自然再生产为经济再生产提供了物质基础。没有植物的光合作用和动物的生长发育，就不可能有农产品的产生和销售。同时，经济再生产又反过来影响自然再生产。例如，通过农业技术的创新和应用，可以提高农作物的生长环境，提高产量和质量。此外，市场需求也影响着农业生产的方向和规模。这种自然再生产与经济再生产的交织关系使得农业生产成为一个复杂而多变的系统。在这个系统中，各种生物因素、环境因素和经济因素相互作用、相互影响，共同决定着农业生产的成果和效益。

二、农业的经济地位与作用

（一）农业在经济中的地位

1. 农业的基础性地位与对全球经济的贡献

农业是国民经济的基础，为人类提供生存必需品，如食物和纤维。同时，农业的发展也是社会分工和其他经济部门独立发展的前提。在全球范围内，尽管工业化进程加速，但农业仍然是许多国家经济的重要支柱，特别是对于发展中国家而言，农业的重要性更为显著。

农业作为国民经济的基础产业，其重要性不言而喻。它为人类提供了基本的食物和纤维来源，保障了人们的日常生活需求。同时，农业的发展也推动了社会分工的细化和其他经济部门的独立发展。在许多国家，特别是发展中国家，农业仍然是经济的支柱之一，对于稳定国内经济、缓解贫困、提高人民生活水平具有关键作用。

在全球范围内，尽管工业化进程不断加速，但农业的地位并未因此削弱。相反，在许多地区，农业仍然是经济的重要组成部分，为当地居民提供就业机会和收入来源。此外，随着人们对健康、环保等问题的关注日益加深，农业在提供绿色、有机食品方面也发挥着越来越重要的作用。

2. 农业地位的演变：从支持到保护的国民经济发展阶段

随着国民经济的不断发展，农业的地位会经历一系列变化。这些变化主要体现在以下两个阶段：

（1）农业支持国民经济发展的阶段。在这一阶段，农业在国民经济中占据主导地位，为工业和其他部门提供着丰富的原材料和广阔的市场。农业的发展不仅促进了工业化的起步，还推动了经济的整体增长。此时，农业对国民经济的贡献主要体现在产品贡献和要素贡献上。农产品作为重要的物资来源，为食品加工、纺织等工业部门提供了丰富的原材料；同时，农业部门也为其他部门输送了大量的劳动力、资本等生产要素，推动了经济的多元化发展。

（2）随着工业化的深入发展，农业在国民经济中的比重逐渐下降，进入了国家对农业实行保护的阶段。尽管农业的比重有所下降，但由于其特殊性和对社会稳定的重要作用，国家开始对农业实行一系列保护政策以确保粮食安全和农民收入的稳定。在这一阶段，农业的市场贡献和外汇贡献逐渐凸显出来。农产品作为重要的商品之一，其生产和销售带动了相关产业的发展并促进了市场的繁荣。

总的来说，无论在哪个发展阶段农业都在国民经济中占据着重要的地位并发挥着不可替代的作用。因此，应该充分认识到农业的重要性，并采取有效措施促进其持续健康发展，以更好地服务于社会经济的发展和人民生活的改善。

(二) 农业对经济发展的基本贡献

在不同的历史时期，人们对农业在经济发展中的作用认识有所不同。农业对经济发展有四种形式的贡献，即产品贡献、要素贡献、市场贡献和外汇贡献。

1. 产品贡献：满足基本需求与推动产业多样化

农业为人类提供了基本的食物和纤维来源，这是农业最基础也最重要的贡献。想象一下，如果没有农业，我们的饮食、穿着都将无从谈起。更重要的是，随着生活水平的提高，人们对农产品的需求也日益多样化。比如，现代人对食品的要求不再仅仅是解决饥饿问题，更追求健康、营养和口感。因此，农业不仅满足人们的基本生活需求，还为食品加工、纺织等行业提供了丰富的原材料。这些原材料经过加工，变成了我们日常生活中不可或缺的各种产品，从而极大地丰富了我们的物质生活。

2. 要素贡献：劳动力与土地资源的重新配置

农业部门为其他部门提供着重要的生产要素，如劳动力、资本和土地。随着经济的发展和城市化进程的加速，部分农业劳动力转移到工业和服务业部门，为这些部门的发展提供了宝贵的人力资源。这些转移过来的劳动力，经过培训和教育，很快就能适应新的工作环境，为工业和服务业的发展注入新的活力。同时，农业用地也可以转化为工业用地或商业用地，支持经济的多元化发展。这种土地资源的重新配置，使得经济发展更加灵活和多样。

3. 市场贡献：促进商品流通与市场繁荣

农业的发展极大地促进了商品流通和市场的繁荣。农产品作为重要的商品之一，其生产和销售带动了相关产业的发展，如交通运输、仓储物流等。农产品的流通和销售，不仅为农民带来了经济收益，也为相关产业创造了就业机会和经济效益。此外，农业还为工业品提供了广阔的市场空间。农民作为工业品的重要消费者群体之一，他们的消费需求推动了工业品的销售和生产。随着农民收入的提高和消费观念的转变，他们对工业品的需求也在不断增加，从而进一步拉动了工业的发展。

4. 外汇贡献：增强国家经济实力与国际购买力

农产品出口是许多国家外汇收入的重要来源之一。通过出口农产品，国家可以赚取外汇用于进口其他必需品和技术设备，从而推动经济的整体发展。特别是在一些发展中国家，农产品出口更是其经济发展的重要支柱之一。这些外汇收入不仅增强了国家的经济实力，还提高了国家在国际市场上的购买力，为国家的经济发展提供了有力的支持。

综上所述，农业对经济发展的贡献是多方面的且深远的。它不仅为人类提供了基本的生活保障，还为整个经济体系的发展注入了源源不断的动力。

第二节　数字经济下农业现代化发展的价值

"当前我国农业数字化转型面临数字流通渠道不顺畅、数字创新研发不足、融合深度不够等问题，而数字技术能够使农业生产在效率升级基础上实现产业升级和绿色发展，因此把握数字经济的理论机制能够有效促进农业经济的高效发展。"[①]

一、优化资源配置：精准高效，促进可持续发展

农业现代化的核心在于资源的高效利用与合理配置，而数字经济正是实现这一目标的重要推手。大数据分析与人工智能技术的深度融合，为农业资源的精准

---

① 袁绪胜. 数字经济带动农业经济发展的路径探索［J］. 山西农经，2024（15）：55.

管理提供了可能。通过遍布农田的传感器网络，农业生产中的土壤湿度、养分含量、病虫害状况乃至气象条件等海量数据被实时采集并上传至云端。这些数据经过高级算法的处理与分析，能够精准描绘出农业资源的分布状况与利用效率，为决策者提供科学依据。例如，基于大数据分析的精准施肥技术，能够根据不同地块的土壤特性和作物需求，量身定制施肥方案，既减少了化肥的过量使用，又提高了作物的产量与品质，实现了资源的高效利用与环境保护的双赢。

此外，物联网与区块链技术的引入，进一步强化了农产品供应链的透明度与可追溯性。区块链技术以其去中心化、不可篡改的特性，为农产品建立了从田间到餐桌的全链条追溯体系。消费者只需扫描产品上的二维码，即可获取到该农产品的种植信息、加工过程、物流轨迹等详细信息，极大地增强了消费者的信任度与满意度。同时，这一体系也有效遏制了假冒伪劣产品的流通，保护了农民与消费者的合法权益。物联网技术则通过智能设备对农产品生产、加工、仓储、运输等各个环节进行实时监控与智能调度，减少了资源浪费与损耗，提高了供应链的整体效率与响应速度。

在金融服务领域，数字经济同样展现出了巨大的创新潜力。互联网金融、移动支付等新型金融业态的兴起，为农业生产者提供了更加便捷、灵活的融资渠道与支付手段。农民可以通过手机 App 轻松申请贷款、购买保险、进行资金结算等操作，极大地降低了金融服务的门槛与成本。这些创新不仅缓解了农业生产中的资金短缺问题，还促进了农业金融服务的普及与深化，为农业现代化提供了坚实的金融支撑。

二、提升生产效率：智能驱动，引领产业升级

数字经济是推动农业现代化升级的重要引擎。在智能农业技术的推动下，农业生产正逐步向自动化、精确化、智能化方向迈进。物联网技术通过连接各种智能设备与传感器，实现了对农业生产环境的全面感知与精准控制。例如，智能灌溉系统能够根据土壤湿度与作物需水量自动调节灌溉量；智能温室则能根据外界气候条件自动调节室内温度、光照与通风等参数，为作物提供最适宜的生长环境。这些技术的应用不仅提高了农业生产的效率与品质，还降低了人力成本与自

然资源的消耗。

无人机、遥感技术与农业机器人的广泛应用，更是将农业生产推向了新的高度。无人机搭载高清摄像头与多光谱传感器，能够对农田进行快速检查与病虫害监测；遥感技术则通过卫星或无人机获取的高分辨率图像数据，对作物生长状况进行大面积、高精度的监测与分析；农业机器人则能够执行播种、除草、采摘等繁重且重复的劳动任务，极大地减轻了农民的劳动强度。这些智能设备的协同作业，不仅提高了农业生产的效率与精准度，还推动了农业产业结构的优化升级。

在产业决策方面，数字经济同样发挥着重要作用。大数据分析与人工智能技术的应用，使得农业生产决策更加科学、精准。通过对农业生产过程中的各种数据进行深度挖掘与分析，可以揭示出作物生长规律、市场需求变化等关键信息，为农民提供精准的种植建议与营销策略。同时，这些技术还能够对农业生产风险进行预警与评估，帮助农民提前制定应对措施，降低经营风险与损失。

三、推动农民增收：拓宽渠道，实现共同富裕

数字经济不仅优化了农业资源配置、提升了生产效率，还通过拓宽销售渠道、提升产品附加值等方式，有效推动了农民增收。电商平台与农产品溯源系统的兴起，打破了传统农产品销售的地域限制与信息不对称问题。农民可以通过电商平台直接将产品销往全国各地乃至全球市场，极大地拓宽了销售渠道与市场空间。同时，农产品溯源系统的建立也增强了消费者对农产品的信任度与购买意愿，提高了农产品的附加值与竞争力。

数字农业技术的应用还使得农业生产过程更加精细化与高效化。通过物联网、遥感技术与人工智能的精准管理，农民能够实时监测作物生长状况与环境变化，及时调整生产策略与管理措施。这不仅提高了作物的产量与品质还降低了生产成本与风险。此外，这些技术的应用还促进了农业生产的标准化与品牌化建设，提升了农产品的市场竞争力与品牌价值。

更重要的是数字经济为农民提供了更多的增值服务机会。通过互联网平台农民可以获取到最新的农业技术、市场信息、政策法规等资讯，提升自身的专业知识与经营能力。同时，他们还可以参与各种在线培训与交流活动拓宽视野、拓展

人脉，为未来的农业发展奠定坚实的基础。此外，数字经济还催生了农业旅游、农村电商等新兴业态，为农民提供了更多的创业与就业机会，促进了农村经济的多元化发展。

第三节　数字经济下农业现代化发展的路径

一、推动农业数字化转型工作，完善乡村数字基础设施体系

"随着区块链、物联网、人工智能、5G等技术的快速发展，数字经济已成为推动我国产业跨越式发展的关键力量，并在农业领域展现出深远影响。"[1] 为促进我国乡村地区的数字化转型，关键在于完善乡村数字基础设施体系，并持续开展农业数字化转型工作。以下是具体的策略和措施：

（一）加强数字技术研发与成果转化

乡村地区需深入研究农业发展领域的常用数字技术，促进技术成果的转化，以彰显技术创新的功能和价值。这需要财政支持和农业发展战略的实施，包括建设示范工程和数字化农业发展基地。通过加大农业数字技术研发及其成果转化，可以为技术研发成果的广泛推广与应用提供支持，同时创建数字化的"创新链+产业链"。

（二）数字化优化农产品生产链

针对乡村地区农产品生产链，采取数字化优化措施，利用智能技术改造传统发展模式，激发数字化转型的潜能。结合乡村地域性特点，开发具有地方特色的农产业，建立智慧农业发展基地和数字化示范中心，引入智能型、轻量型农业器具，以助推农业现代化发展。

---

[1] 何荣靖. 数字经济助力农业现代化的实施路径研究 [J]. 中国农机装备，2024（07）：20.

（三）建设乡村数字化物流运输体系

为推动农业电子商务发展，建设和完善乡村数字化物流运输体系至关重要。这包括促使数字化农产品进城，建设与农产品运营联接的服务平台，形成线上和线下产品营销融合的渠道。确保农产品从生产到消费的各环节可追溯，优化物流运输和道路交通，激励电商发展，以数字化技术应用提升农产品经营流程的效率。

二、构建与优化农业数据分享体系，加速数字化技术供给

在农业现代化进程中，及时、准确的农业数据是农户高效生产与运营的关键。这些数据不仅助力农户把握市场动态，促进农业增值，还为其创新产品生产方式、优化服务模式提供了坚实的基础，从而激发农业现代化发展的强劲动力。因此，各乡村地区需紧密结合自身实际，构建一套完善的农业数据分享体系，确保数据资源的有效流通与利用。

（一）建立农业数据分享机制

农业数据分享机制的建立，是构建数据分享体系的首要任务。这一机制需涵盖数据收集、处理、存储、分析及分享的全链条，确保每一个环节都有章可循、有据可依。具体而言，应明确数据收集的范围、频率和方式，确保数据的全面性和时效性；制定统一的数据处理标准，提高数据的质量和可用性；建立数据共享平台，实现数据的集中存储与便捷访问。同时，还需建立健全的数据安全机制，防止数据泄露和滥用，保障农户及其他参与者的合法权益。

在机制运行过程中，应注重标准化和流程化的建设。标准化是确保数据一致性和可比性的关键，通过制定统一的数据格式、编码规则和分类标准，可以有效避免数据孤岛和重复建设的问题。流程化则是提高数据处理效率和准确性的重要手段，通过明确各环节的责任主体、操作步骤和时限要求，可以确保数据分享工作有序进行。

（二）强化数字技术平台支撑

数字技术平台是农业数据分享体系的重要组成部分，它如同农业领域的"神经中枢"，负责数据的采集、整合、分析与展示。为了加快农业数据的采集与整合工作，各乡村地区应加大数字技术平台的投入力度，积极引进和应用先进的物联网、大数据、云计算、人工智能等现代信息技术。

具体而言，应建设覆盖农业生产全过程的物联网系统，实现对土壤、气候、作物生长状况等环境参数的实时监测和远程控制；利用大数据技术对海量农业数据进行深度挖掘和分析，揭示农业生产规律和市场趋势；通过云计算平台提供强大的数据存储和计算能力，支持大规模数据处理和复杂模型运算；借助人工智能技术提升农业生产决策的智能化水平，实现精准种植、智能灌溉、病虫害预警等功能。

此外，还应特别关注新型农业经营主体的数据收集工作。这些主体包括家庭农场、农民合作社、农业企业等，他们在农业生产中发挥着重要作用。通过建立健全的数据收集机制和技术支持体系，可以全面反映农业生产的实际情况和需求变化，为农业政策的制定和调整提供科学依据。

（三）促进数据共享与利益联结

农业数据分享不仅是一个技术问题，更是一个涉及多方利益的经济问题。为了促进数据共享和利益联结，需要构建一套完善的合作机制和市场规则。

首先，应明确数据产权归属和价值评判标准，保障各主体的合法权益不受侵害。这包括明确数据的所有权、使用权、收益权等权利归属以及数据价值的评估方法和标准。

其次，应推动形成多元经营主体之间的合作与共赢关系。通过数字化数据共享平台，各主体可以共享农业生产、市场信息、技术资源等宝贵资源，实现优势互补和资源共享。同时，可以探索建立数据交易市场和利益分配机制，鼓励各主体积极参与数据共享活动并分享由此带来的经济收益。

在此过程中，还应注重推动农产品功能的多元化与智能化发展。通过数据分析和技术创新，可以挖掘农产品的潜在价值并开发新的应用场景和市场空间。例如，利用物联网技术实现农产品的全程追溯和防伪打假；利用大数据分析消费者偏好和行为模式为农产品精准营销提供支持；利用人工智能技术提升农产品的加工品质和附加值等。

（四）加强数据安全与法规建设

数据安全是农业数据分享体系的重要保障。随着农业数据量的爆炸式增长和数字化技术的广泛应用，数据安全问题日益凸显。为了确保数据交易的安全性和合法性，政府应加大宣传力度普及数据交易法律法规知识，提高公众的法律意识和风险防范能力。

同时，应制定和完善数字化交易准则和监管措施。这些准则和措施应涵盖数据交易的各个环节包括交易主体的资质审查、交易过程的监督管理、交易结果的评估反馈等。通过严格的监管措施可以确保数据共享活动合法合规，维护市场秩序和公平竞争。

此外，还应加强数据安全技术的研发和应用。这包括数据加密技术、访问控制技术、安全审计技术等在内的多种技术手段，可以有效保障数据的机密性、完整性和可用性。同时，应建立健全的数据备份和恢复机制以应对可能出现的数据丢失或损坏等风险事件。

三、数字经济与农业发展深度融合，加强大规模技术推广

"数字农业的迅猛发展，不仅能够显著提升乡村地区的信息化水平，而且有助于加快农业现代化的步伐，从而推动乡村经济实现稳健且持久的增长。"[①] 通过强化工业供给侧结构性改革，合理运用新型数字化技术，可以掌控乡村地区数字化发展的未来，构建完整且高端的农业生产与运营价值链。

在技术应用和农业现代化的衔接上，应遵循以点带面的原则，逐步引入农业数字化信息技术，赋能农业发展，创新发展模式，并开发具有地域特色的农产

---

① 段藻泮.乡村振兴背景下数字农业的发展机理与优化路径研究［J］.农业经济，2024（08）：25.

品，推动农产品结构的优化升级。数字化技术的运用还能规范农产品市场，激励市场主体参与数字化产品生产，构建数字化农业市场新体系，确保数字经济与农业发展的深度融合。

同时，应将数字技术与农村智慧基础设施建设相结合，建立智慧型数字技能系统，促进农产品的智能化运营和智慧工程项目的实施。在农业生产的前端，乡村地区需选定必要的数字化技术和模式，建立专门的数字化产品质量检测和农情数据采集平台，实现农产品的智能化和全天候检测。

在农业生产的中端，全面了解农作物的生长条件和要求至关重要，应精准施肥和预防病虫害，普及应用新型智能技术，提高农业生产的效率和质量。在农产品生产的后端，做好农产品溯源工作，利用数字信息技术提升农产品质量检测水平，优化物流系统，并建立网络直播带货平台，进一步推动数字经济与农业现代化的融合发展。

四、强化农业数字化人才队伍建设，构建数字合作社体系

在推动农业现代化发展的关键时期，培育高素质农业数字化人才成为不可或缺的一环。为此，我国乡村地区需采取多维度策略，确保人才发展与农业现代化需求紧密对接。

（一）深化人才培育合作

政府应主动作为，搭建起高校、私营企业与科研机构之间的桥梁，形成紧密合作的"产学研用"一体化模式。这一模式旨在通过资源共享、优势互补，共同培育出既具备深厚理论基础又具备强大实践创新能力的农业数字化人才。高校作为知识创新的源泉，应优化课程设置，增设农业数字化相关专业和课程，强化学生的创新思维和科研能力培养；私营企业则可以通过提供实习实训机会，让学生在实践中学习最新的数字化技术和市场运营经验；科研机构则负责前沿技术的研发与转化，为农业数字化提供强有力的技术支持。

此外，政府还应加大对农业数字化人才培养的投入力度，设立专项基金，支持人才培养项目、科研创新活动和科技成果转化。同时，鼓励社会力量参与人才

培养，形成多元化、开放式的农业数字化人才培养体系。

（二）普及数字化知识与技能

农民是农业生产的主体，也是农业现代化的直接受益者。因此，普及数字化知识与技能，提升农民的数字素养，是推进农业数字化的重要环节。政府应充分利用各种宣传渠道和媒介，如电视、广播、网络、宣传册等，向农民普及数字化农业的基本知识、应用案例和成功经验。同时，组织专家团队深入田间地头，开展面对面的培训和指导，帮助农民解决在数字化应用过程中遇到的实际问题。

此外，政府还应鼓励农民自发组织学习小组或合作社，通过相互交流和学习，共同提高数字化技能水平。同时，建立数字化农业示范点或样板田，让农民亲眼看到数字化带来的实实在在的好处，从而激发他们的学习热情和参与积极性。

（三）优化人才激励机制

乡村地区政府还需合理设置农业数字化生产与运营岗位，吸引并留住技能型人才。建立健全人才激励与奖惩机制，提供清晰的职业晋升路径，确保高素质专业人才能够扎根农村，为农业现代化贡献力量。此外，应摒弃传统单一的人才评价标准，建立以科研成果与综合素质为核心的综合评价体系，激发人才的创新活力。

（四）构建数字合作社体系

随着数字经济的快速发展，农业数字化技术应用日益广泛。为进一步提升农业生产效率与市场响应能力，乡村地区应鼓励农户以土地承包经营权等方式出资，建立新型农业合作社。通过数字平台精准对接市场需求，引导农户科学种植与养殖，实现订单化生产、物流运输与市场营销的一体化。此举不仅有助于转变传统单一农户生产模式，减少碎片化营销问题，还能提升产品交易效率与回报率，降低交易成本，实现土地的适度规模经营，保障农民长期利益与资金收入。

（五）打造特色数字化生产与经营基地

结合地域环境优势和农产品特色，乡村地区应积极创建具有当地特色的数字化生产与经营基地。这些基地通过数字技术赋能传统农业装备和设施，推动农业向规模化、高效化方向发展。在基地建设过程中，应注重引进先进的农业数字化技术和设备，提升农业生产的智能化水平；同时加强农产品品牌建设和市场营销工作，提高农产品的知名度和美誉度。

特色数字化生产与经营基地的建设不仅可以提高农产品的产量和品质，还可以带动当地农民就业增收和经济发展。通过基地的示范引领作用，可以吸引更多的农户参与到农业数字化进程中来，推动整个乡村地区的农业现代化进程。此外，特色数字化生产与经营基地还可以成为乡村旅游和休闲农业的重要载体，促进农业与旅游、文化等产业的融合发展，为乡村地区带来新的经济增长点。

第四节 数字经济下农业供应链金融创新模式

在数字经济全面渗透的背景下，农业供应链金融作为现代农业金融体系的重要创新，正逐步成为破解农业融资困境、促进农业产业升级的关键力量。针对农业领域资金供需错配这一长期存在的难题，农业供应链金融创新模式通过深度整合农业产业链上下游资源，实现了资金在产业链中的高效配置与循环，彰显了其巨大的发展潜力与社会贡献。

鉴于农业的复杂性与特殊性，传统供应链金融模式难以完全适应现代农业发展的多元化需求，特别是在资金获取与风险管理方面存在诸多局限。因此，探索适应现代农业特点的供应链金融新模式成为当务之急。传统"N+1+N"模式虽以真实贸易为依托，围绕核心企业展开，有效缓解了部分上下游企业的融资压力，但其单一依赖核心企业信用的方式在应对农业供应链多变性时显得力不从心。具体而言，新模式的创新方向可聚焦于以下方面：

一、打造品牌效应，深度赋能农业发展新路径

在传统供应链金融的运作框架中，龙头企业凭借深厚的品牌积淀和广泛的市场覆盖，自然而然地成为金融资源分配的核心节点。这些企业凭借其在行业内的领先地位，能够较为轻松地获得银行贷款等金融资源支持，进而推动自身的持续发展。然而，这种资源分配的不均衡也暴露了一个显著的问题：中小企业，尤其是位于产业链上游的农业供应商，往往因为品牌知名度不足、市场渠道狭窄等原因，难以跨越高昂的市场准入门槛，其产品在激烈的市场竞争中往往处于劣势地位，难以获得必要的金融支持以促进自身的成长与发展。这一现状，不仅限制了中小企业自身的壮大，也间接地阻碍了农业供应链的整体升级与均衡发展。为了打破这一僵局，需要探索一种全新的发展路径，即通过打造品牌效应，深度赋能农业发展，实现中小企业与龙头企业的协同并进。

抖音电商等新型电商平台的崛起，为这一目标的实现提供了可能。这些平台利用自身的技术优势和市场影响力，构建了一个线上线下深度融合的生态系统。在这个生态系统中，中小企业得以在更广阔的舞台上展示自身的品牌特色与产品优势，从而吸引更多消费者的关注与青睐。同时，这些平台还创新性地将金融服务融入其中，形成了"品牌+金融"的双轮驱动模式。通过大数据分析和用户画像等技术手段，平台能够精准把握市场需求和消费者偏好，为中小企业提供定制化的金融产品和融资方案，帮助它们解决资金短缺的难题，增强其发展动力和市场竞争力。

更进一步地，抖音电商等平台还积极运用大数据、云计算等现代信息技术手段，深度剖析消费者需求与农产品市场的变化趋势。通过对海量数据的挖掘与分析，平台能够为农产品供应商提供精准的市场信息和营销策略建议，帮助它们更好地把握市场机遇，制订科学合理的生产计划与销售策略。这种精准对接与高效运转的农产品供应链模式，不仅提升了供应链的整体效能与响应速度，还推动了农业产业向数字化、智能化方向的转型升级。

二、引用供应链代理人消除消息壁垒

生鲜农产品因其特殊的商品属性，在农业领域中具有较高的复杂性和挑战

性。它们不仅受到时效性和季节性的影响，而且由于生鲜农产品的产业链条较长，涉及的主体众多，使得信息共享和流通变得尤为重要。然而，当前生鲜产业链中存在着明显的信息不对称问题，特别是种植户和小商贩，他们往往缺乏将商品数字化和信息化的意识，导致供给侧对市场变化的反应迟钝，形成了巨大的消息壁垒。这种信息壁垒的存在，不仅影响了生鲜农产品的供应链效率，也加剧了产品的损耗问题。在中国，生鲜产品的损耗率远高于发达国家。这一现象的背后，是供应链中信息流通不畅和缺乏有效的代理人来协调各环节的结果。如果供应链中的信息流通不畅，没有代理人作为链条中的"润滑剂"，就会导致供应链整体运行缓慢，甚至出现阻塞，从而影响整个行业的健康发展。

为了解决这一问题，生鲜农产品市场迫切需要引入多个代理人，他们能够在供应链中扮演关键角色，消除信息壁垒，提高供应链的透明度和效率。这些代理人需要具备以下方面的能力和职责：

第一，市场调研与需求分析。代理人需要对市场进行深入的调研，了解消费者的需求和偏好，以及市场的发展趋势，为种植户提供准确的市场信息。

第二，信息整合与共享。代理人需要整合供应链中的各种信息，包括种植、收获、储存、运输等各个环节的信息，并通过数字化平台进行共享，提高信息的透明度。

第三，供应链协调与管理。代理人需要协调供应链中的各个环节，确保信息流通顺畅，减少不必要的损耗，提高供应链的响应速度和灵活性。

第四，风险管理与应对。代理人还需要具备风险管理的能力，能够及时识别和应对市场变化带来的风险，保障供应链的稳定运行。

第五，技术支持与创新。代理人应当利用现代信息技术，如大数据、云计算、物联网等，提高供应链管理的智能化水平，降低人为因素带来的误差。

通过引入这些代理人，生鲜农产品供应链可以实现更加高效的运作，减少信息不对称带来的损耗，提高整个行业的竞争力。同时，这也有助于种植户和小商贩更好地适应市场变化，提高他们的经济效益，促进农业产业的可持续发展。

三、深化信息化技术在农业供应链的应用

在数字经济背景下，加强信息化技术在农业供应链的应用是推动农业现代化

的关键步骤。首先，必须着手解决基础设施建设问题。目前，许多农业企业位于信息化水平相对较低的农村地区，这要求政府部门发挥领导作用，加强农村信息管理系统的建设。在实现农村网络全覆盖的基础上，政府部门应收集、整理、储存和分析农产品信息，为农户和金融机构提供全面、精准的信息服务。

农业供应链金融数字化信息管理平台的建设，需要开通金融机构与用户直接对话的渠道，便于解答用户的疑问和回复相关咨询信息。此外，该平台应实现农业产业链各个环节的信息互通，让农户和相关企业能够实时了解信息，及时调整生产管理、营销策略以及服务方案等。

信息管理平台的搭建还需遵循利益共享原则，平衡各环节企业的利益，促进企业间的协同合作，避免信息断层问题的发生。重视信息共享，可以促进产业互联网与农业的深度融合，使农业供应链金融更好地落实到农业发展中。

人才培养也是信息化技术在农业供应链中应用的重要方面。需要吸纳互联网技术人才，建立专业化的农业供应链金融人才队伍，为互联网背景下的农业供应链金融信息平台建设以及模式创新提供人才保障。

此外，国家数据资源的开放对于农业数字供应链金融的发展至关重要。政府应定期公布和分享搜集整理的公共信息，这将有助于金融机构获取更多关于借款人生产决策的信息，进一步丰富外部数据维度，提高判断借款人还款能力的水平。

四、金融机构在农业供应链的数字化深耕

农业供应链金融的数字化转型是推动农业现代化的关键步骤。为了实现这一目标，金融机构需要深入农村市场并扎根基层。在这个过程中，村镇银行和邮政储蓄银行等农村金融机构可以发挥重要作用。这些机构不仅积累了丰富的农户和企业信息，而且与当地农户及涉农企业建立了深厚的信任关系，为推动数字化转型提供了坚实的基础。

金融机构可以利用大数据技术深入分析农户的需求，据此设计和布局惠农产品，有效解决农户在资金方面的实际问题。同时，通过面向农业生产链的不同环节开展金融服务宣传活动，可以加深这些企业主体对数字化农业供应链金融的认

识和理解。例如，通过提供短期信贷产品并利用用户体验来降低对新产品的抵触情绪，可以有效地推广这些服务。

此外，针对传统金融支持不足的经营困难农户和新型涉农企业，金融机构可以在线上销售他们的产品，并构建"扶贫商场+扶贫企业+扶贫农户"的模式。利用大数据快速分析用户信息，及时提供资金支持，这不仅可以降低这些农户和企业对传统金融的依赖，而且有助于构建更加稳定和高效的金融服务体系。

第六章　数字经济下的制造业发展创新

第一节　制造业及其发展概述

一、我国制造业的发展历程

（一）改革开放初期：中国制造业的转型与起步

在改革开放初期，中国制造业的起步标志着国家经济发展战略的重要转型。面对基础薄弱和技术水平落后的挑战，中国制造业以劳动密集型产业为主导，肩负起推动经济增长和提高人民生活水平的使命。在这一时期，轻工业和纺织业等领域成为发展的焦点，其中广东地区实施的"三来一补"政策尤为突出，这一政策有效地促进了国际产业转移的承接。

通过充分利用劳动力成本优势，中国制造业发展了出口导向型模式，沿海地区迅速涌现出大量的服装厂、玩具厂等劳动密集型制造企业。这些企业不仅在国内市场占据了重要地位，而且在国际市场上也展现出了显著的竞争力，为国家的外汇储备作出了重要贡献。此阶段，中国制造业的快速发展，为后续经济的全面繁荣奠定了坚实的基础，同时也为全球制造业格局带来了深远的影响。

（二）"世界工厂"的形成：产业链完善与全球地位的确立

随着改革开放的深入推进，我国制造业逐渐形成了完整的产业链和产业集群，成为全球制造业的重要一环。特别是在加入世界贸易组织（WTO）后，我国制造业迎来了前所未有的发展机遇。外资企业纷纷进驻我国，带来了先进的技术和管理经验，推动了我国制造业的快速发展。在这一时期，我国制造业的规模不断扩大，产品种类日益丰富，质量也得到了显著提升。从家电、汽车到电子设备,我国制造的产品开始走向世界,赢得了国际市场的认可。我国逐渐成为名副其实的"世界工厂",为全球消费者提供了大量物美价廉的商品。

(三) 技术革新与产业升级:中国制造业的持续发展

进入 21 世纪,我国制造业开始面临新的挑战和机遇。随着全球经济的不断发展,消费者对产品品质和创新性的要求越来越高。为了适应市场需求,我国制造业开始加大研发投入,推动技术创新和产业升级。

在技术进步方面,我国制造业通过引进消化吸收再创新,逐步掌握了一批关键核心技术。例如,在高铁、通信、航空航天等领域,我国制造业取得了举世瞩目的成就。同时,国内企业也开始注重自主知识产权的保护和开发,推动了技术创新成果的转化和应用。

在产业升级方面,我国制造业逐渐向高技术、高附加值的产品转型。例如,新能源汽车、智能制造、生物医药等新兴产业得到了快速发展。这些产业的崛起不仅提高了我国制造业的整体竞争力,还为经济增长注入了新的动力。

(四) 全球化布局:中国制造业的国际拓展与品牌塑造

随着我国经济的崛起和制造业的快速发展,我国制造业开始走向全球化布局。一方面,我国企业通过海外投资建厂、收购兼并等方式,积极拓展国际市场,提高品牌影响力和市场份额。另一方面,我国制造业也积极参与全球产业链的重构和整合,与世界各国开展深度合作,共同推动全球制造业的发展。

在全球化布局的过程中,我国制造业不仅输出了优质的产品和服务,还向世界展示了我国制造的品牌形象和实力。如今,"中国制造"已经成为全球消费者熟知的标签之一,代表着高品质、高性价比和创新力。

二、中国制造业的主要成就

"改革开放以来,制造业取得了瞩目成就,证明了指导中国制造业发展实践的'中国经验'极富生命力。"[1]

(一) 制造业作为中国经济增长的强劲引擎

中国制造业的迅猛崛起,在中国经济增长的历程中扮演了举足轻重的角色,可谓是中国经济增长的强劲引擎。自改革开放以来,特别是中国加入世界贸易组织以后,制造业进入了高速发展的轨道,为中国经济的腾飞注入了强大的动力。

制造业的快速发展并非偶然。以近年来中国制造业的增加值占国内生产总值的比重为例,该数据一直稳定在一个较高的水平,这清晰地反映出制造业对于经济增长的显著贡献。这种贡献不仅仅体现在数字的增长上,更重要的是,它推动了经济结构的优化和产业升级。

在制造业的引领下,中国经济的规模持续扩大,如今已稳坐全球第二大经济体的宝座。值得骄傲的是,这种增长并非单纯的数量累积,而是在质量和效益上都取得了显著提升。制造业的繁荣不仅拉动了产业链的日趋完善,更促进了相关产业的协同发展。物流、金融、信息技术等行业在制造业的带动下蓬勃发展,形成了紧密的产业集群,这种集群效应进一步放大了经济增长的潜力。

(二) 制造业在就业市场中的关键作用

中国制造业的繁荣不仅为经济增长注入了活力,更在就业市场上发挥了举足轻重的作用,成为吸纳劳动力、创造就业机会的重要支柱。随着制造业规模的持续扩张,这一行业吸引了大量农村劳动力涌入城市,投身于繁忙的工厂生产线。这一转变不仅有效地缓解了农村地区劳动力过剩的问题,减轻了就业压力,而且为城市的繁荣发展注入了新的活力,推动了城市化进程的加速。

制造业的崛起不仅意味着更多的就业机会,同时也促进了就业结构的优化与升级。在技术革新和产业升级的双重推动下,制造业对于高技能人才的需求日益旺盛。这种需求转变不仅提升了劳动力的整体技能水平,还催生了职业教育和技能培训的蓬勃发展。如今,越来越多的劳动者通过专业培训提升了自身技能,不

---

[1] 何帆. 改革开放40年制造业发展的主要经验与成就 [J]. 云南财经大学学报, 2019, 35 (11): 84.

仅更好地适应了现代制造业的发展需求，也为经济的长远发展提供了源源不断的人才储备。

可以说，中国制造业在就业市场的贡献是多方面的：既解决了大量农村劳动力的就业问题，推动了城市化进程，又通过技术进步和产业升级促进了劳动力技能的提升和就业结构的优化。这些积极变化不仅彰显了制造业在国民经济中的基础性地位，也为社会的稳定和持续发展奠定了坚实的基础。

（三）制造业在科技创新中的引领角色

中国制造业在科技创新方面也取得了显著成就。随着市场竞争的加剧和全球化趋势的深入发展，中国制造业企业越来越意识到科技创新的重要性。许多企业加大了研发投入，建立了研发中心，与高校和科研机构建立了紧密的合作关系。这些创新努力不仅提高了企业的核心竞争力，也推动了中国制造业的整体技术进步。例如，在新能源、新材料、智能制造等领域，中国制造业已经取得了一系列重要突破，为经济的可持续发展注入了新的动力。

同时，制造业的科技创新也带动了相关产业的发展。比如，随着新能源汽车的快速发展，相关的电池、电机、电控等产业链也得到了极大的拉动。这不仅提高了中国制造业的整体竞争力，也为经济的多元化发展提供了新的机遇。

（四）中国制造业国际竞争力的显著提升

中国制造业在国际市场上的竞争力日益凸显，这得益于多方面的综合优势。其中，丰富的劳动力资源为中国制造业提供了源源不断的人力支持。与此同时，经过多年的发展和积累，中国已经构建起了完善的产业链，从原材料采购到生产加工，再到物流配送，每个环节都紧密相连，高效运转。这种全方位的产业链整合能力，使得中国制造业在应对市场变化时能够迅速调整，满足客户需求。

技术水平的不断提高也是中国制造业国际竞争力提升的关键因素。中国制造业企业深知技术创新的重要性，因此在研发方面投入了大量的人力、物力和财力。这种投入不仅带来了产品性能的提升，还使得中国制造业在一些关键技术领域取得了突破。特别是在传统制造业领域，如纺织、玩具、电子等，中国产品的性价比和品质已经得到了全球消费者的广泛认可。

中国制造业的国际竞争力提升还体现在品牌建设上。越来越多的中国制造业企业开始注重品牌建设，通过提高产品质量、加强营销推广等方式，逐渐树立起了良好的品牌形象。这些品牌不仅在中国市场上备受消费者喜爱，还在国际市场上赢得了口碑。

第二节　数字经济下制造业发展的内生动力

一、技术创新：推动制造业技术升级的强劲引擎

技术创新，作为数字经济赋能制造业的核心驱动力，正以前所未有的速度和广度重塑着制造业的面貌。在数字经济的大背景下，互联网、大数据、人工智能等前沿技术的深度融合与应用，为制造业的转型升级提供了强大的技术支持和无限可能。

（一）产品设计的精准化与个性化

传统制造业的产品设计往往依赖于设计师的经验与直觉，而数字经济时代，大数据分析、云计算等技术的应用使得产品设计更加科学、精准。通过对海量市场数据的挖掘与分析，企业能够精准把握消费者需求，预测市场趋势，进而设计出更符合市场需求、更具个性化的产品。这不仅提升了产品的市场竞争力，还为企业赢得了更多的市场份额。

（二）生产过程的智能化与自动化

智能制造技术的引入，如机器人、自动化装配线、物联网（IoT）等，将制造业的生产过程推向了智能化、自动化的新高度。这些技术的应用不仅大幅提高了生产效率，降低了劳动力成本，还显著提升了产品质量和稳定性。例如，智能机器人能够24小时不间断工作，完成复杂精细的装配任务；物联网技术则实现

了生产设备的远程监控与故障预警，降低了维护成本和停机时间。

(三) 新材料与新工艺的研发

数字化转型还激发了新材料、新工艺的研发热情。借助先进的数字技术和仿真模拟技术，科研人员能够更快速、更准确地评估新材料的性能与工艺参数，从而加速新材料的商业化进程。同时，3D 打印、增材制造等新型制造工艺的兴起，为制造业带来了全新的生产方式，使得复杂结构件的制造成为可能，进一步拓宽了制造业的发展空间。

二、产业结构优化：数字经济引领制造业产业升级

数字经济不仅推动了制造业技术层面的升级，更在深层次上促进了产业结构的优化与升级，为制造业的可持续发展奠定了坚实基础。

(一) 融入全球价值链，提升国际分工地位

在全球经济一体化的大背景下，制造业企业通过数字化转型，不仅能够实现内部流程的优化和效率提升，还能更好地融入全球价值链，提升自身的国际分工地位。数字化转型使得企业能够利用先进的信息技术，如云计算、大数据、物联网等，实现生产过程的智能化和自动化，提高产品质量和生产效率。通过这些技术的应用，企业能够更准确地预测市场需求，快速响应市场变化，实现柔性生产。这为企业在全球供应链中扮演更加关键的角色提供了可能，从而在国际分工中占据更有利的位置。例如，通过数字化手段，企业可以实时监控全球供应链的动态，优化库存管理，减少物流成本，提高供应链的透明度和响应速度。

此外，数字化转型还促进了企业与全球客户的直接沟通和交流，通过电子商务平台、在线展会等方式，企业能够更便捷地展示自己的产品和服务，吸引更多的国际买家。这种直接的市场接触，不仅缩短了产品从生产到销售的周期，也为企业提供了一个更加广阔的国际市场空间。

同时，数字技术的应用还有助于企业更好地遵守国际贸易规则和标准，通过电子数据交换 (EDI) 等方式，简化了贸易流程，降低了交易成本，提高了贸易

效率。这为企业参与国际竞争，拓展海外市场提供了有力的支持。

（二）从低附加值向高附加值转型

在数字经济浪潮的推动下，制造业正经历着前所未有的变革，其核心特征之一便是从低附加值的传统生产模式向高附加值的智能制造模式转型。这一转型不仅仅是技术层面的革新，更是生产理念、商业模式乃至整个产业生态的深刻重构。高端制造业企业作为转型的先锋，充分利用大数据、云计算、人工智能等前沿数字技术，不断突破技术瓶颈，研发出具有高科技含量、高附加值的产品。

这些产品不仅代表了制造业的最高技术水平，更满足了市场对高品质、高性能、个性化产品的迫切需求。例如，通过智能制造系统实现的精密零部件加工，其精度和效率远超传统工艺，为航空航天、医疗器械等高端领域提供了强有力的支撑；而基于物联网技术的智能设备，则通过实时监测与数据分析，为用户提供更加便捷、智能的使用体验。这些高科技、高附加值的产品不仅为企业带来了更加丰厚的利润空间，还激发了企业的创新活力，推动企业持续投入研发，形成良性循环。

高附加值产品的推出，还带动了整个产业链的升级与发展。上游供应商为了配合高端制造的需求，不断提升原材料质量和生产工艺；下游客户则因高品质产品的出现，愿意支付更高的价格，进一步推动了市场需求的增长。这种产业链上下游的协同升级，不仅增强了制造业的整体竞争力，还为经济社会的可持续发展注入了强劲动力。

（三）服务型制造的兴起

随着制造业向数字化转型的深入，服务型制造作为一种新的发展模式逐渐兴起。这一模式强调制造业企业不再仅仅局限于产品的生产制造环节，而是将服务作为提升产品附加值、增强客户黏性的关键手段。服务型制造要求企业深入理解客户需求，提供包括定制化解决方案、远程运维、售后支持在内的全方位服务。

定制化解决方案是服务型制造的核心之一。通过大数据分析和人工智能技术，企业能够精准把握客户的个性化需求，为客户提供量身定制的产品和服务。

这种定制化服务不仅满足了客户的独特需求，还增强了客户的满意度和忠诚度，为企业赢得了更多的市场份额。

远程运维和售后支持则是服务型制造的重要组成部分。通过物联网技术，企业能够实时监测产品的运行状态，提前发现并解决潜在问题，为客户提供更加及时、专业的服务。这种主动式服务不仅提升了产品的可靠性和耐用性，还降低了客户的维护成本，进一步增强了客户的信任感和依赖度。

服务型制造的兴起，不仅提升了制造业的附加值和竞争力，还推动了制造业与服务业的深度融合。制造业企业通过提供高质量的服务，不仅拓展了业务范围和收入来源，还促进了产业结构的优化升级。同时，服务型制造的发展还促进了就业结构的改善和人才素质的提升，为经济社会的全面发展注入了新的活力。

三、管理效率提高：数字技术在制造业管理中的深度应用

数字经济时代，管理模式的创新同样成为推动制造业发展的重要动力。数字技术在制造业管理中的应用，不仅提高了管理的精准性和效率，还促进了企业内部的知识共享与协作。

（一）决策精准化与效率提升

数字技术的应用使得企业能够实时获取并分析各类数据，从而更加精准地把握市场动态和内部运营情况。这为企业决策者提供了更加全面、准确的信息支持，使得决策过程更加科学、高效。同时，数字化工具如商业智能（BI）系统的应用，还能够帮助企业快速识别问题、制定解决方案，提高决策的响应速度和执行效率。

（二）信息流、物流与资金流的整合

ERP、CRM等数字化工具的应用，有效整合了企业内部和供应链的信息流、物流和资金流。这些系统通过打破信息孤岛，实现了企业内部各部门之间以及企业与供应商、客户之间的无缝对接和协同工作。这不仅提高了整体运营效率，还降低了运营成本，增强了企业的市场响应能力和竞争力。

(三) 知识共享与协作的促进

数字化的管理模式还促进了企业内部知识共享与协作的深入发展。通过建立知识管理系统和在线协作平台，企业员工能够随时随地获取所需的知识和信息，进行跨部门、跨地域的协作与交流。这种开放、透明的协作方式不仅提高了团队效率和创新能力，还激发了员工的积极性和创造力，为企业的发展注入了新的活力。

第三节 数字经济下制造业发展的有效途径

"要大力推进数字产业与制造业深度融合，重视行业活动创新、新业态创造，充分发挥出数字经济的作用，形成新的融合数字经济、促进企业发展的制造业行业；制造业企业要努力创新产品、创新技术，政府要强化制度环境建设，优化营商环境，进一步加大鼓励外商投资的力度，提高外商投资服务水平。"[1]

一、数据驱动的决策制定

数字经济时代，数据的重要性在制造业中日益凸显，成为驱动发展的关键资源。数据驱动的决策制定主要涉及三个核心方面：市场需求预测、内部运营优化及产品质量控制。

（一）市场需求预测：洞察需求，优化生产计划

数字经济时代，制造企业通过深入分析市场趋势、消费者行为、竞争对手动态等大量数据，能够更准确地洞察并预测市场需求。例如，利用高级数据分析工具和复杂的算法模型，企业可以细分市场，识别不同地区或客户群体的需求波动，使得企业能够根据历史销售数据、季节性变化、市场趋势和即时的社会经济

---

[1] 杨玉桢，张凡凡. 数字经济对制造业价值链攀升的影响研究 [J]. 河北企业，2024（06）：7.

指标等因素，制订更加灵活和精准的生产计划。

通过这种数据驱动的市场分析，企业不仅能有效地调整生产规模和策略，以适应市场需求，还可以优化库存管理，避免过度生产或库存积压的问题。此外，这种方法还可以帮助企业预测未来的市场趋势，提前做好生产和营销策略的调整，确保市场需求得到及时且有效的满足，提高市场响应速度和企业竞争力。

（二）内部运营优化：提升效率，降低成本

数据驱动的决策制定极大地优化了内部运营。通过对生产效率、物流成本、库存水平等关键运营指标的实时监控和分析，企业可以及时识别和解决运营中的问题。例如，采用机器学习算法分析生产过程中的效率瓶颈，企业可以找到提高生产效率的方法，如调整生产流程或优化设备配置。同样，通过分析物流和库存数据，企业可以优化供应链，降低运营成本，提高整体效率。

（三）产品质量控制：确保产品高标准，实现预防性维护

数据分析在提高产品质量方面也发挥着重要作用。通过持续监控生产过程中的各种参数，如温度、压力、速度等，企业能够及时发现生产缺陷并采取措施。此外，数据分析还可用于预测潜在的设备故障，从而实现预防性维护，减少意外停机时间，确保生产流程的高效运行和产品的高质量。

二、智能化生产流程

"智能技术在生产端应用能否有效提高生产效率，关系到产业结构升级与经济高质量发展的实现。"[①] 智能化生产流程是数字经济为制造业赋能的关键领域，集中体现在自动化、机器人技术的应用及物联网技术在生产过程中的实施。这些技术的综合应用极大提高了生产效率和质量，同时提高了制造过程的灵活性和适应性。

---

① 何丹妮. 生产智能化促进了中国产业结构转型升级吗？[J]. 财经理论研究，2024（03）：48.

（一）自动化与机器人技术

自动化和机器人技术在现代制造业中的应用日益普及，成为提高生产效率和质量的关键工具。自动化装配线的使用，例如在汽车制造和电子产品组装中，可以显著提高生产速度，同时降低人为错误的可能性，从而提高生产的精确性和一致性。这些系统能够在不间断地运行中保持稳定输出，确保生产过程的高效和连续性。

机器人技术在执行重复性高、精度要求严格的任务时尤为关键，它们在精密组装、焊接、涂装及包装等领域发挥着重要作用。机器人能够在保持一致质量的同时，执行复杂的操作，这对手工操作来说既困难又耗时。例如，在电子产品的组装中，机器人可以精确地放置微小的组件，而在汽车制造中，它们可以进行快速且准确的焊接作业。

此外，自动化和机器人技术的应用还带来了长期的经济效益。虽然初期投资较高，但这些技术可以显著降低长期的劳动力成本，同时减少由于人为失误造成的浪费和返工。这些系统的可编程性和适应性也使得其能够快速适应生产线的变化，如新产品的引入或生产规模的调整，从而为企业在快速变化的市场环境中保持竞争力提供支持。

（二）物联网技术在制造业中的应用

物联网技术在制造业中的应用使得生产过程的监控和控制更加精准和实时。通过在设备上安装传感器，企业可以实时收集关于生产线状态的数据（如温度、压力、速度等），有助于及时发现并解决生产问题。此外，物联网技术还可用于跟踪产品在生产过程中的每个阶段，确保质量控制，并提供完整的产品追溯系统。

（三）智能化生产流程的调整

智能化生产系统可根据数据分析结果自动调整生产过程。例如，基于市场需求的变化和库存水平的实时数据，智能系统可以调整生产计划和订单优先级，从而更有效地响应市场变化。这种系统的灵活性使得企业能够快速适应客户需求的变化，减少库存积压，并提高对市场动态的响应速度。

三、供应链优化与协同

数字经济时代，制造业的供应链管理正经历着转型，向更高的灵活性和效率发展。利用先进数字技术，如云计算和区块链，企业能够实现供应链上关键信息的实时共享，包括库存水平、物流状态、需求预测等。这种透明且高效的信息共享机制加强了供应链管理的响应速度和适应性，使各方能基于最新数据快速做出决策，及时应对市场变化。

通过这些技术，企业能够优化库存和物流成本。准确的需求预测有助于减少库存积压，优化的物流规划则可减少运输时间和费用。同时，实时监控库存和需求可以实施有效的库存管理策略，如及时补货和减少过剩存储，进一步降低成本。此外，数字技术的应用还促进了供应链各环节间的紧密协作。企业与供应商、分销商乃至最终客户之间的数据共享和资源协同提高了整个供应链的效率。例如，通过共享销售和库存数据，供应商可以更准确地预测原材料需求，降低生产中断的风险。

四、客户关系与市场营销的创新

数字经济时代，制造业的客户关系管理和市场营销经历了显著变革。利用数字技术，特别是数据分析工具，制造企业现在能够深入理解和预测客户的需求和行为模式。通过收集和分析客户互动数据，企业不仅能识别市场趋势，还可以更准确地定位客户需求，提供更加个性化和定制化的产品和服务，这种精准定位提高了产品的市场吸引力，提高了客户满意度与忠诚度。

另外数字营销工具，如社交媒体营销、搜索引擎优化（SEO）、在线广告及电子邮件营销，为企业提供了更多元化的市场触达渠道，使企业能够更有效地接触和吸引目标客户群体，提高品牌影响力。社交媒体平台不仅是宣传新产品的理想场所，还是与客户进行互动和获取反馈的重要渠道。通过这些渠道，企业能够建立更加紧密的客户关系，同时实时监控和调整其市场策略，以适应不断变化的市场需求。

数字营销的另一关键优势在于提供了量化的市场反馈和性能指标,如点击率、转化率和客户参与度,帮助企业评估营销策略的效果,从而进行优化和调整。通过这些创新的方法,制造企业不仅可以提高品牌知名度和市场份额,还能提高其在市场中的竞争力。

第四节　数字经济下制造业的绿色转型发展

随着全球气候变化的加剧,人类生产活动对地球碳平衡的影响日益显著。在这一背景下,中国作为世界上最大的发展中国家,已经明确提出了实现碳达峰和碳中和的宏伟目标。在实现这一目标的过程中,工业领域特别是制造业的减排行动具有决定性意义。制造业作为我国经济的重要组成部分,其碳排放量占据了国内总排放量的绝大部分,因此,制造业的绿色转型对于实现"双碳"目标至关重要。"数字经济通过优化产业结构、推动生产方式绿色化和提高资源配置效率,成为产业绿色转型的关键驱动力。"[①]

一、数字经济成为全球经济复苏的重要支撑

在全球经济复苏的背景下,数字经济展现出其作为关键支撑点的重要作用。数字经济的实质在于利用数字化知识和信息作为核心生产要素,依托现代信息网络作为载体,并通过信息通信技术的有效运用,促进经济效率提升和结构优化。作为一种新兴的经济形态,数字经济正日益成为推动全球经济社会发展的重要力量。

数字技术对传统产业的赋能作用不容忽视。在互联网、大数据、云计算、人工智能、区块链等新一代信息技术的推动下,数据已成为推动全球经济增长的新的生产要素。数字生产力作为先进的科技生产力,标志着工业社会阶段性发展的

---

① 刘馨嵘,韩嫣婕.数字经济驱动下的产业绿色转型与高质量发展协同机制研究[J].经营管理者,2024(08):54.

重要里程碑。研究指出，数据不仅作为新的生产要素，而且与传统的生产要素如劳动、资本、技术等相融合，形成新的要素结构，产生乘数效应，释放出巨大的生产力，发挥出倍增作用。

数字技术的融合应用对制造业的智能化生产具有显著的促进作用。它不仅优化了制造业的内部结构，还改进了资源配置方式，提高了资源的利用效率。此外，数字技术的应用还增强了市场与政府在资源配置中的耦合效应和双轮驱动作用，为经济的可持续发展提供了新的动力。

同时，数字技术的创新也是全球战略的重点。发达国家已经将发展重点转向数字经济，并通过实施一系列政策体系，如"信息高速公路"战略、"先进制造业"战略以及《国家网络战略》《国家网络安全战略》等，构建了以开放创新为基础，以促进传统产业转型为主旨的政策体系，有效推动了数字化转型的发展进程。

对于发展中国家而言，通过国际产能合作、绿地投资、跨国并购等模式，加强和优化企业在全球的布局，在关键领域和关键分工环节争取有利位置，推动产业向中高端化发展，不断提升全球价值链的参与度，以期在开放中获得更大的经济收益。这一过程中，数字经济的发展不仅为全球经济复苏提供了重要支撑，也为全球价值链的重构提供了新的动力和方向。

二、中国重视数字化与制造业绿色发展的战略地位

(一) 制造业绿色低碳转型任务紧迫

在当前全球气候变化与资源环境约束日益严峻的背景下，我国制造业作为国民经济的支柱与全球价值链的关键环节，其绿色低碳转型的任务显得尤为紧迫且重要。历经数十年高速发展，我国已构建起一个规模庞大、结构完整、技术先进的制造业体系，这一体系不仅深刻塑造了国内经济格局，更为全球经济稳定增长贡献了不可觑的力量。鉴于我国工业化、城镇化进程尚未全面完成，制造业在国民经济中的核心地位依然稳固，其稳健增长成为推动经济高质量发展的核心驱动力之一。

近年来，制造业对经济增长的贡献持续凸显，工业增加值及制造业增加值占比均保持稳健增长态势，尤其是在数字经济浪潮的推动下，电子信息制造、软件与信息技术服务等新兴领域展现出强劲的增长潜力，成为驱动制造业转型升级的重要引擎。部省共建的先进制造业集群中，数字产业的崛起尤为引人注目，不仅丰富了制造业的内涵，也拓宽了经济增长的新空间。

然而，制造业在快速发展的同时，也面临着资源消耗巨大、环境污染严重的严峻挑战。高能耗、高排放的传统发展模式已难以为继，碳排放总量控制成为制造业可持续发展的关键瓶颈。因此，推动制造业向绿色低碳转型，不仅是缓解资源环境压力、实现生态文明建设的必然要求，也是促进制造业转型升级、提升国际竞争力的战略选择。绿色转型不仅能够优化制造业的产业结构，提升能源利用效率，减少污染物排放，还能激发新的经济增长点，推动形成绿色低碳循环发展的经济体系，为国民经济实现更高质量、更有效率、更加公平、更可持续的发展奠定坚实基础。

（二）大数据、工业互联网助力制造业绿色生产

制造业的绿色生产是实现可持续发展的关键路径，其核心在于通过优化生产过程减少对环境的影响，同时提高能源资源的利用效率。绿色制造涵盖了产品从设计到回收的整个生命周期，强调在生产过程中采用最优的资源配置，以最小的环境代价实现产品的制造。

在推动制造业向绿色生产转型的过程中，新一代信息技术的应用发挥了至关重要的作用。5G通信技术、工业互联网、云计算和大数据等技术的融合，为制造业提供了精细化管理的可能，使得生产过程中的能源消耗和资源利用可以得到更为精确的控制。这些技术的应用不仅有助于提升生产效率，还能深入挖掘节能减排的潜力，实现生产过程的优化。

通过这些技术的辅助，制造业能够更加深刻地把握产品的全生命周期，从设计阶段开始就考虑到产品的环保性能，到制造、包装、运输、使用乃至回收处理的每一个环节，都力求达到资源消耗最小化和环境影响最低化。这种全生命周期的管理方式，对于提高资源的利用效率、减少生产过程中的资源浪费具有显著效果。

为了鼓励企业加快绿色制造的升级，各级政府出台了一系列政策措施，并在资金上给予支持。这些政策的实施，为制造业的绿色转型提供了良好的外部环境和动力。在数字技术的推动下，我国制造业的产能利用率得到了显著提升，能耗比也有所下降。

（三）数字技术的广泛应用促进制造业实现绿色发展

数字技术的广泛应用在制造业领域内促进了绿色发展的实现，成为推动产业基础高端化和产业链现代化的关键力量。通过优化数字技术供给和加强数据要素效能，制造业的数字化转型方向得以明确，进而实现生产链条、产品全生命周期、商业生态的全方位数字化转型。这一转型不仅打通了生产、流通、分配、消费等各环节的堵点，也为制造业的绿色可持续发展提供了动力。

数字技术在促进产业结构调整方面发挥着重要作用。它通过影响市场资源配置，引导资本、劳动力、技术、创新等优势要素向高效绿色的制造业企业聚集，减少高污染和能源密集型的传统产业，增加绿色低碳的新兴产业比例，从而推动产业结构向更加环保和可持续的方向发展。

在降低能耗方面，数字技术通过优化制造业流程和提高能源利用效率，有效降低了单位产品的能耗。利用大数据、云计算等技术对生产过程进行实时监控和优化，可以精确控制能源消耗和排放，实现生产过程的节能减排。

数字技术还促进了绿色产品设计。人工智能和大数据分析的应用，使企业能够预测产品的环境影响，并设计出更环保、更可持续的产品。这种设计方法有助于减少产品在生产和使用过程中对环境的影响，提高产品的绿色性能。

循环经济的发展也得益于数字技术的应用。物联网和大数据技术可以追踪和管理产品的生命周期，实现资源的再利用和回收，减少浪费和环境污染。这种循环利用资源的方式，有助于构建一个更加可持续的生产和消费模式。

智能制造的实现进一步提高了生产效率和资源利用率。自动化和智能化设备的使用减少了人工干预，降低了生产过程中的错误和浪费。同时，智能制造通过优化生产流程和提高操作精度，提升了资源的利用效率，为制造业的绿色发展提供了强有力的支持。

（四）碳中和目标对制造业绿色发展的影响

碳中和目标对制造业绿色发展具有积极影响。首先，碳中和的实施将倒逼能源企业加快绿色生产模式的形成，有助于企业在新的政策环境下获得更多样的政策支持，实现可持续发展。其次，在不断深化的低碳流程改造中，能源使用效率将获得进一步提升，反哺企业的产出和营收。此外，低碳技术的充分运用将帮助企业形成独属于自己的绿色技术资产，在碳中和推进的大趋势中，企业可以通过出售或购买专利、引进氢能或 CCUS（碳捕集、利用与存储）等新技术建立起更强大的核心竞争优势、更广泛的赢利渠道，并借此获得更优质的社会影响力和群众口碑，甚至跃升成为行业龙头或标杆。同时，随着欧盟、中国、日本、韩国、美国等国家和地区先后提出碳达峰、碳中和目标，全球制造业产业链将进行新的国际分工与合作，形成新产业格局，这也为我国制造业的绿色发展提供了新的机遇。

三、中国制造业数字化转型与绿色发展的建议

（一）加强数字技术供给和绿色技术创新

为促进制造业的数字化转型与绿色发展，加强数字技术供给和绿色技术创新是基础性的战略举措。这一过程涉及构建一个以市场为主导的绿色技术创新体系，旨在通过数字技术与绿色创新的融合，推动制造业向绿色化和智能化方向演进。

第一，智能制造技术的集成应用是实现这一转型的关键。物联网、云计算、大数据和人工智能等技术的融合，不仅能够实现设备的智能连接和数据的实时采集，还能通过自动化决策优化生产流程，从而提升生产效率、降低成本，并保证产品质量。物联网技术在设备连接和数据采集方面的作用尤为突出，而人工智能技术则在自动化决策和生产控制方面发挥着核心作用。

第二，3D 打印技术为制造业带来了革命性的变革，特别是在快速原型制作、定制化生产和零部件快速制造方面。这项技术的应用极大地缩短了产品从设计到

市场的时间，同时降低了生产成本，为制造业的灵活性和响应速度提供了显著提升。

第三，虚拟现实技术的引入，为产品设计、生产模拟和员工培训教育提供了全新的平台。它允许制造商在虚拟环境中测试和优化产品设计，及时发现并修正潜在的问题，这不仅提高了产品的质量，也增强了产品的市场竞争力。

第四，区块链技术的引入则为供应链管理带来了透明度和安全性。通过区块链技术，可以实现供应链的透明化管理，确保数据安全，并建立可靠的信任机制。这不仅提高了生产效率和产品质量，也增强了消费者对产品的信任度。

(二) 加快新型基础设施建设

加快5G通信、数据中心等数字化基础设施建设，深化数字化技术在制造业绿色转型中的引领作用。以"产业大脑+未来工厂"为核心架构，加快制造业与信息化深度融合，贯通生产、分配、流通、消费等环节，积极引导大数据、人工智能等数字技术与传统产业融合发展，将数据要素应用到企业生产与开发的核心环节，促进数据要素市场流通，从而实现生产数据、生产设备和生产网络之间的关联与互通，形成各环节、各技术互联互通无障碍的新业态和新模式。加快构建安全、高效、灵活的工业互联网设施和平台。

(三) 在制造业数字化转型与绿色发展中提供政策支持

政策支持在推动制造业的数字化转型与绿色发展中扮演着至关重要的角色。政府通过出台一系列激励措施，能够为制造业的转型升级提供必要的引导和支持。具体而言，建议政府制定包括财政资金补贴、税收优惠和贷款利率减免等在内的政策工具，以降低企业在数字化和绿色转型过程中的成本和风险。

此外，制定和实施数字化制造与绿色制造的标准和规范，对于引导企业按照既定标准进行生产和经营活动至关重要。这不仅有助于提升整个行业的生产效率和产品质量，也是推动制造业标准化建设的关键步骤。通过这些标准和规范的制定，可以确保企业在转型过程中遵循统一的行业准则，从而促进整个行业的健康发展。

为了进一步支持企业的数字化转型与绿色发展，建立公共服务平台如数字化技术服务平台和绿色制造技术服务中心，将为企业提供技术咨询、人才培训和测试验证等服务。这些平台的建立，将有助于企业更好地理解和应用新技术，提高其在数字化和绿色发展方面的能力和水平。

（四）加强合作，推广清洁能源，实施循环经济

应该积极推广清洁能源，如太阳能、风能等，减少对传统能源的依赖，降低碳排放量。例如，企业可以安装太阳能电池板，利用太阳能发电，减少对传统能源的消耗，从而降低碳排放量。在制造业中实施循环经济模式，实现资源的再利用和废弃物的减量化、资源化、无害化，减少对环境的污染。例如，企业可以推广工业废物分类处理技术，将废弃物分为可回收和不可回收两类，实现资源的再利用，减少对环境的污染。

（五）促进产学研融合与国际合作

鼓励和引导高校、科研机构与企业之间的紧密合作，是加速制造业数字化转型的关键策略。通过产学研融合，可以深度挖掘专精特新、科技型企业以及垄断性龙头企业在数字化应用技术方面的创新潜力。这种融合有助于畅通技术成果的转移和转化渠道，进而强化数字化技术在制造业发展中的资源优化配置效应，推动制造业向数字化、智能化、网络化的方向转型。

此外，推进国际合作也是提升制造业竞争力的重要途径。积极参与国际绿色制造合作，不仅能够引进先进的技术和管理经验，还能够提高中国制造业的绿色发展水平，增强其在国际市场上的竞争力。国际合作为制造业提供了一个学习和交流的平台，有助于吸收全球最佳实践，促进本土制造业的创新和升级。

第七章 数字经济政策研究及其发展前景探究

第一节 数字经济的政策变迁与演进规律

自 21 世纪初期以来,数字技术的迅猛发展及其与国民经济的深度融合,标志着数字化转型成为推动经济增长的新动力。物联网、云计算、大数据、人工智能等技术的广泛应用,不仅极大地加快了新经济新动能的发展,更在重塑全球经济结构和竞争格局中发挥着关键作用。

在中国,数字经济政策的研究主要从政策对象和政策过程两个维度进行。政策对象的研究呈现出明显的阶段性特征,从早期的信息产业、网络产业、集成电路和软件政策,逐步转向大数据、人工智能、"互联网+"政策,再到近期的平台治理、网络治理、数据隐私保护以及数字经济税收和国际数字经济合作与治理等领域。学者们在对政策发展进行梳理的同时,为不同发展阶段的政策提供了建议和策略。

政策过程的研究则侧重于国内外政策的比较分析,或基于本土政策背景和文本的解读提出政策建议。数字经济的内生特性对现有政策体系提出了持续的挑战,学界在提供完善策略方面发挥着重要作用。研究者们或基于对新兴经济形态特质、政策背景、现行政策法规的解读,或基于对数字经济领先国家和地区政策体系、改革举措、发展演变的梳理,总结有效经验,以期补充和完善现有政策体系。

一、中国数字经济政策演进阶段

在探讨中国数字经济政策的演进历程时,学术界倾向于运用间断—均衡理论与政策范式理论作为分析框架，通过识别关键政策节点、标志性事件（如高层领导战略论述、重大政策会议）以及政策文本产出的数量变化，来追溯并划分政策发展的不同阶段。这种分析方法不仅揭示了政策核心理念的动态变迁，也为我们理解数字经济政策的整体性脉络提供了科学依据。

中国数字经济政策的演进可划分为四个关键阶段：萌芽期（1977年12月至2000年），此阶段虽未明确提出"数字经济"概念，但信息技术的发展与应用已初露端倪，为后续政策演进奠定了基础；信息化期（2000年至2014年），随着信息技术的快速普及与应用，政府开始出台一系列信息化相关政策，推动经济社会各领域的信息化转型；随后进入"互联网+"期（2014年至2017年），该阶段以互联网与传统产业深度融合为核心，通过"互联网+"行动计划加速产业升级与经济转型；最终步入数字经济期（2017年至今），此阶段数字经济正式成为国家战略，政策聚焦于数字技术创新、产业数字化与数字产业化，旨在构建全面数字化的经济发展体系。

数字经济政策的发文量在关键时间节点上呈现出显著的波动增长趋势，特别是在2000年、2015年和2018年等时期，这种增长与国家政策导向、五年规划周期及重大标志性事件紧密相连，反映了顶层设计与战略规划对数字经济政策演进的深刻影响。同时，政策制定主体的多元化与协同性也日益凸显，以工信部为主导，财政部、科技部、发改委及国务院等多部门共同参与，形成了跨部门协同推进数字经济发展的良好格局。这种跨部门合作不仅体现在政策制定的数量上，更体现在政策内容的深度与广度上，通过财政政策、科技政策的精准施策，有效促进了数字经济核心产业的快速发展与壮大。

二、中国数字经济政策焦点变迁

（一）萌芽阶段

中国的数字经济政策萌芽阶段，伴随着改革开放和国家对科技进步的高度重视而逐步展开。在这一时期，中国政府的主要任务是快速追赶世界技术、产业革命的步伐，发展电子技术及其产业，缩小与发达国家的技术差距，并利用计算机和电子技术改造传统产业。政策焦点在这一阶段表现出以下特征：

第一，电子工业成为政策重心。在新技术革命和现代化建设的大背景下，电子技术在改造传统工业中的作用日益凸显。电子工业，作为电子技术的物质基础，占据了政府政策焦点的核心位置。关键词如"电子工业""集成电路""计算机""软件"等在政策文本中的排名靠前，显示了政府对这些领域的高度重视。

第二，广播影视与通信事业的发展。政府在这一阶段密集出台政策，鼓励和引导广播影视、通信事业的有序发展。"广播电视"作为网络的核心，而"通信""电信"等关键词的排名也位于前列，反映了政府对这些领域的关注。

第三，产业链生产制造环节的关注。政策特别关注数字经济产业链的生产制造环节，采取"引进—吸收—创新"的产业发展导向。"设备""研制""设计""生产""检验"等高频词汇的出现，表明了国家对产业链各环节的重视，尤其是生产制造环节。

第四，技术引进与自主创新的结合。为了掌握先进技术领域的生产制造技术，国家通过引进技术来实现电子技术的跨越式发展。"技术引进""设备进口"等词汇的高频出现，突出了这一策略。同时，国家加快了技术设备的引进，并完善了相关法律法规，以保障技术引进及推广应用。

第五，科技规划与重点工程的实施。国家批准实施了一系列科技规划和重点工程，如863计划、国家重点工程项目，确定了电子技术及其产品制造的科技重点发展主题和专项。这些措施旨在发展以电子信息制造业为代表的高新技术产业，并通过建设国家高新技术产业开发区，推动高新技术成果的商品化、产业化和国际化。

第六，自主研发创新的初步特征。尽管技术引进是主要策略，但"科技""项目""技术"等词汇的高频率出现，以及"高新技术""高新技术企业""高新技术产品""国家高新技术产业开发区"等关键词在网络中的中心位置，表明了自主研发创新的特征在萌芽时期已初步显现。

（二）信息化阶段

在21世纪初期，中国将信息化上升为国家战略，全面推进国民经济和社会的信息化进程。这一时期，国家信息化领导小组的重建标志着对信息化建设和国家信息安全工作的领导力度的加强，信息产业的加速发展和信息化的大力推进成为政策焦点。

第一，信息服务业的蓬勃发展。随着"三金工程"的启动和国家四大骨干网络的建成，中国步入了以互联网为基础的信息时代。信息资源的开发利用催生了一系列新兴服务业态，消费互联网的壮大和电子商务的萌芽，如阿里巴巴、京东等国内电商巨头的成立，标志着新业态和新模式的诞生。关键词"服务""业务""管理"的首次出现，以及"互联网""信息产业"排名的大幅上升，反映了政策对互联网信息服务业规范引导的重视。

第二，电子政务的推进。政府上网工程的实施，使得"服务"成为核心关键词之一，体现了信息化在提升政府服务效率和便民性方面的应用。

第三，技术攻关与产业链升级。国家围绕数字经济产业链各环节展开技术攻关，通过中长期科技发展规划的发布，设定科技发展的重大主题与专项，以期在信息技术竞争中占据有利地位，推动产业链向中高端转型。

第四，知识产权保护的加强。随着"知识产权"关注度的提升，国家加强了相关保护政策的出台和执行，为科技成果创新提供了良好的发展环境。

第五，企业作为技术创新的主体。国家创新体系建设的启动，特别是以企业为中心的技术创新体系的构建，标志着企业成为信息技术领域创新应用的核心力量，体现了中国信息技术发展水平的提升。

第六，自主创新能力的提升。政策的重点放在加快建设国家创新体系，提升自主创新能力，以促进数字经济的持续健康发展。

在信息化阶段，中国数字经济政策的战略转型体现在对信息产业的加速发展、互联网信息服务业的规范引导、技术攻关与产业链升级、知识产权保护的加强，以及企业作为技术创新主体的重视。这些政策焦点不仅推动了信息技术与各行业的融合发展，也为数字经济的自主创新和产业升级奠定了坚实的基础。

（三）"互联网+"阶段

我国信息化建设迈入了一个由高层直接领导、全面统筹的新阶段，即"互联网+"时代。此阶段,信息化建设被提升至前所未有的战略高度,成为国家发展的核心驱动力之一,其重要性不言而喻。网络强国、数字经济等战略构想的提出与推进,不仅凝聚了全国共识,也为数字经济的蓬勃发展奠定了坚实的政治基础。

在"互联网+"阶段,政策导向呈现出鲜明的双轮驱动特征:一方面,消费互联网持续繁荣,成为推动数字经济发展的主力军;另一方面,产业互联网的兴起,则预示着信息化与工业化深度融合的新趋势。此阶段,"大数据""物联网""人工智能"等新兴技术词汇的涌现,反映了国家对信息技术前沿领域的高度重视与积极布局。通过实施一系列重大工程项目,国家不仅巩固了电子商务平台的领先地位,还促进了"互联网+"与能源、交通、流通等传统行业的深度融合,加速了产业互联网的萌芽与发展。在这一过程中,"建设""项目"等关键词依旧占据核心地位,而"互联网""电子商务"的崛起,则进一步彰显了消费互联网对经济社会发展的深远影响。

与此同时,本阶段政策还尤为注重创新链的系统化提升与国家自主创新能力的增强。随着一系列科技规划与重大工程技术项目的深入实施,我国在信息技术领域取得了显著成就,信息基础设施体系逐步完善。值得注意的是,"创新"一词首次跻身核心词行列,与"能力"新词共同反映了国家创新驱动发展战略的深入实施。在此背景下,政策焦点逐渐转向创新链的构建与优化,通过强化企业技术创新主体地位、提升产业创新链各环节能力、优化创新环境等措施,全面推动创新型国家建设。这一系列举措不仅提升了国家自主科技创新能力,也为产业转型升级提供了强有力的支撑。

(四) 数字经济阶段

在数字经济的新发展阶段,中国正以前所未有的力度和广度,推进国家层面的全面规划与多领域协同并进,标志着数字经济已从单一的经济增长引擎跃升为经济社会全面转型与构建新发展格局的核心驱动力。

产业数字化层面,中国正深化产业与信息技术的融合,将工业互联网视为关键桥梁,加速制造业与服务业的数字化转型进程。通过实施一系列创新工程与示范项目，不仅促进了生产方式的智能化变革，还强化了产业链上下游的协同创新机制，显著提升了产业整体竞争力与韧性。这一过程不仅重塑了产业生态，还为实现经济高质量发展奠定了坚实基础。

关键核心技术领域，中国将自主创新视为突破发展瓶颈、保障数字经济安全的战略基石。加大对5G、大数据、人工智能、区块链等前沿技术的研发投入，力求在核心技术上实现自主可控，减少对外依赖。同时，强化基础研究与人才培养体系，构建全方位的创新生态，为数字经济的长远发展提供源源不断的智力支持。此外，通过强化知识产权保护，激发创新活力，进一步巩固了数字经济的核心竞争力。

发展模式创新方面，中国积极探索符合自身国情的高质量发展路径。政策试点的灵活应用，为数字经济的政策制定与实施提供了宝贵的实践依据，确保了政策的有效性与针对性。普惠共享理念的深入实践，旨在缩小数字鸿沟，让数字经济发展成果惠及更广泛的社会群体，促进社会的整体进步。而绿色低碳的发展导向，则体现了中国对可持续发展目标的坚定承诺，通过数字化手段推动绿色转型，为实现碳达峰、碳中和目标贡献力量。

数据要素与网络安全维度，中国深刻认识到数据作为新型生产要素的重要性，致力于构建完善的数据治理体系，保障数据要素的高效流通与安全使用。通过建立健全数据产权制度、加强数据交易监管，促进数据资源的优化配置。同时，面对日益严峻的网络安全挑战，中国不断强化网络安全防护体系，加大执法力度，保护个人隐私与数据安全，为数字经济的健康发展营造安全可信的环境。此外，积极发展网络安全与数据安全相关产业，为数字经济的安全保障提供强有力的支撑。

三、数字经济的演进规律

（一）技术驱动：创新引领的浪潮

数字经济的演进，从根本上讲，是一场由技术革新所驱动的历史性变革。自计算机技术诞生以来，信息技术的每一次飞跃都深刻地重塑了经济形态与社会结构。从最初的电子计算机到个人电脑的普及，再到互联网的爆发式增长，技术以其独有的方式不断拓宽着人类认知与交流的边界。进入 21 世纪，大数据、云计算、人工智能、区块链等前沿技术的兴起，更是将数字经济推向了一个全新的高度。

1. 技术迭代加速

计算机处理能力的快速提升使得数据处理与分析成为可能。大数据技术的引入，让海量数据的价值得以挖掘，为企业的精准营销、智能决策提供了强有力的支持。云计算的普及，则进一步降低了信息技术应用的门槛，使得中小企业也能享受到先进计算资源带来的便利。而人工智能的崛起，更是开启了机器自主学习与决策的新时代，其在智能制造、智慧金融、智慧城市等领域的广泛应用，正逐步改变着我们的生产生活方式。

2. 技术创新生态

技术驱动不仅仅体现在单一技术的突破上，更在于技术之间的相互融合与创新生态的构建。在数字经济时代，不同技术之间形成了紧密的联系与互动，共同推动着创新生态的形成与发展。例如，物联网技术将物理世界与数字世界紧密相连，为智能制造、智慧城市等提供了丰富的应用场景；而区块链技术则以其去中心化、透明可追溯的特性，为数据安全、供应链管理等领域带来了革命性的变化。这些技术的融合与创新，不断催生出新的商业模式和服务形态，为数字经济的发展注入了源源不断的动力。

（二）市场导向：需求驱动的变革引擎

市场需求是数字经济演进的重要驱动力。随着消费者对数字化产品和服务的需求日益增长，市场成为推动数字经济发展的核心力量。

1. 消费者需求多元化

在数字经济时代，消费者的需求呈现出多元化、个性化的特点。他们不再满足于传统的产品和服务，而是追求更加便捷、高效、个性化的体验。这种需求的变化促使企业不断创新，通过数字化手段提供更加符合消费者需求的产品和服务。例如，电商平台通过大数据分析消费者的购物习惯与偏好，实现精准推荐与个性化营销；在线教育平台则利用人工智能技术为学生提供个性化的学习方案与辅导服务。

2. 市场竞争激烈化

市场需求的增加也加剧了市场竞争的激烈程度。为了在市场中脱颖而出并获取竞争优势，企业不得不加大在数字经济领域的投入与布局。他们纷纷引入先进的信息技术与管理理念，提升企业的运营效率与创新能力。同时，企业之间也加强了合作与交流，通过共建共享创新资源与市场渠道等方式实现互利共赢。这种竞争与合作并存的市场格局进一步推动了数字经济的繁荣与发展。

（三）政策引导：政府角色的重塑与强化

政府在数字经济发展中发挥着重要的引导和推动作用。通过制定和实施相关政策措施，政府可以引导数字经济朝着更加健康、可持续的方向发展。

1. 战略规划与顶层设计

政府通过制定数字经济发展战略规划与顶层设计，明确数字经济的发展方向与目标。这些规划不仅包括了技术创新、产业发展等方面的内容，还涉及了基础设施建设、人才培养、政策法规等多个方面。通过统筹规划与协同推进，政府为数字经济的发展提供了有力的制度保障与政策支持。

2. 政策扶持与激励

为了促进数字经济的发展，政府还出台了一系列扶持政策与激励措施。例如，对数字经济领域的企业给予税收优惠、资金补贴等支持；对数字经济相关的研发项目进行资助与奖励；对数字经济基础设施建设进行投入与引导等。这些政策扶持与激励措施有效地降低了企业的运营成本与风险负担，激发了企业的创新活力与发展动力。

3. 监管规范与保障

随着数字经济的快速发展，监管问题也日益凸显。政府通过加强监管规范与保障措施来维护市场秩序与消费者权益。例如，制定并完善数字经济相关法律法规体系；加强数据安全与隐私保护监管；打击网络欺诈与侵权行为等。这些监管规范与保障措施为数字经济的健康发展提供了有力的法律支撑与制度保障。

(四) 融合创新：跨界融合的新篇章

数字经济的演进还呈现出融合创新的趋势。一方面，数字技术不断与传统产业融合渗透，推动传统产业转型升级；另一方面，数字经济领域内部也不断涌现出新的业态和模式。

1. 传统产业数字化转型

传统产业通过引入数字技术实现转型升级已成为不可逆转的趋势。例如，制造业企业通过引入智能制造系统提升生产效率与产品质量；农业企业通过运用物联网技术实现精准种植与智慧管理；服务业企业通过构建数字化服务平台提升服务效率与用户体验等。这些转型升级不仅提升了传统产业的竞争力与附加值，还为其注入了新的活力与发展动力。

2. 新兴业态与模式不断涌现

在数字经济领域内部也不断涌现出新的业态与模式。例如，共享经济通过共享闲置资源实现资源的高效利用与优化配置；平台经济通过构建平台生态系统聚集海量用户与资源实现价值共创与共享；区块链经济则以其去中心化、透明可追溯的特性为数据交易与供应链管理等领域带来革命性变化等。这些新兴业态与模式的出现，不仅丰富了数字经济的内涵，也为经济增长和社会进步提供了新的动力和可能性。

3. 跨界融合与创新生态

数字经济的融合创新不仅仅局限于某一行业或领域内部，更多的是跨行业、跨领域的深度融合。不同产业之间的界限变得模糊，传统的产业链和价值链被重构，形成了全新的产业生态和创新体系。例如，金融科技（FinTech）将金融与科技深度融合，推动了金融服务的普惠化、个性化和智能化；医疗健康领域则通过引入物联网、大数据和人工智能等技术，实现了远程医疗、精准医疗和健康管理的新模式。这种跨界融合不仅促进了技术的交叉应用和创新，也加速了产业结构的优化升级和经济增长方式的转变。

第二节　数字经济引领产业高质量发展的思考

数字经济作为一种新型经济形态，在当下社会经济发展中具有举足轻重的地位。它以数据资源为关键生产要素，以现代信息网络为主要载体，通过信息通信技术的融合应用和全要素数字化转型，不断推动公平与效率的统一。中国数字经济对 GDP 增长的贡献持续增强，已成为拉动国民经济的重要力量。众多企业也纷纷将数字化转型视为企业战略的核心，预示着数字化转型将成为未来企业发展的关键所在。

为推进数字经济的发展，中国政府实施了一系列重大战略规划和举措，如网络强国、宽带中国等行动，以及促进大数据发展、人工智能和加快"新基建"建设等。这些举措不仅加强了数字经济发展的基础，更推动了实体经济和数字经济的融合发展，对于提升社会治理和民生服务水平，助推产业高质量发展具有深远的意义。

面对数字经济的蓬勃发展和巨大潜力，应继续深化对数字经济发展规律的认识，加强顶层设计和统筹协调，推动数字经济与实体经济的深度融合，为实现经济的高质量发展提供有力支撑。同时，还应关注数字经济带来的挑战和问题，采取有效措施加以应对，确保数字经济健康有序地发展。

一、数字经济是助推我国产业转向高质量发展的关键动力

（一）数字经济：经济新增长点的崛起

在当今全球经济格局中，数字经济已成为一个不可忽视且日益重要的经济新增长点。随着信息技术的飞速发展和广泛应用，数字化、网络化和智能化的趋势日益显著，为经济注入了前所未有的活力与动力。

数字经济不仅仅代表着新兴技术产业的崛起，如互联网、大数据、云计算、人工智能等，更体现在这些技术与传统产业的深度融合上。通过数字化手段，传统

产业得以优化升级，生产效率显著提升，商业模式不断创新，从而为经济增长开辟了新的空间。

从我国的发展实践来看，数字经济已成为推动经济转型升级的重要力量。近年来，我国数字经济规模持续扩大，增速远高于同期 GDP 增速，对经济增长的贡献率不断攀升。数字经济不仅促进了新兴产业的蓬勃发展，也带动了传统产业的数字化转型，为经济高质量发展注入了强大动力。

此外，数字经济还具备高度的渗透性和融合性，能够渗透到经济社会的各个领域和层面，推动形成新的增长点。例如，在消费领域，数字经济的发展催生了电子商务、在线教育、远程医疗等新业态新模式；在生产领域，智能制造、工业互联网等数字化技术的应用正在推动制造业向智能化、绿色化、服务化方向转型升级。

（二）数字消费向数字生产的转型

我国数字经济的结构演变过程，显著体现了从数字消费主导到数字生产引领的转型趋势，这一历程展现出鲜明的阶段性特征。在发展的初级阶段，数字经济的基础设施建设成为核心驱动力，随着通信产业的快速成熟与技术革新，数字经济的基础部分，特别是通信基础设施，实现了迅速扩张，与数字技术与传统产业融合发展的部分共同构成了数字经济的双轮驱动格局，两者在经济总量中占据相当比重。

进入新阶段以来，随着全球及国内产业结构优化升级步伐的加快，数字技术、创新产品及高效服务在更广泛的产业领域内实现了深度渗透与融合。这一趋势促使数字经济中的融合部分呈现出加速增长的态势，其经济贡献率逐步攀升并显著超越了基础部分，成为推动数字经济高质量发展的主要力量。这一转型不仅标志着数字经济从依赖基础设施建设向更加注重技术创新与产业融合的方向转变，也彰显了数字经济在赋能传统产业转型升级、提升经济整体效率与竞争力方面的关键作用。

（三）展望：数字经济引领全球竞争新态势

在全球范围内，数字经济同样成为各国竞相布局的焦点。日本等发达国家致力于巩固其在高科技产品领域的领先地位,如硬盘驱动器、智能手机、工业机器人等,以维持其全球市场份额的霸主地位。而印度、泰国及非洲多国则通过积极建设基础设施、缩小数字鸿沟、发挥人口与市场优势,并加强与国际互联网企业的合作,努力缩小与发达国家的差距,力求在全球数字经济版图中占据一席之地。

二、数字经济助推产业高质量发展的内在逻辑

数字经济带来了基础设施变革、新增生产要素、生产方式革新、组织方式重构、价值链延伸、空间格局调整等等,影响到产业的方方面面。

(一)数字经济的支柱:新型基础设施的层次与功能

数字经济的新型基础设施构成了现代化建设和数字经济发展的新一代支撑体系,它提供了一系列产品和服务,以实现数据的感知、连接、汇聚和融合,进而推动智能化发展。这一基础设施体系自下而上可分为五个层次:感知层、连接层、平台层、融合层和应用层。

感知层作为数据采集的起点,由传感器、摄像头、智能终端设备等组成,负责数据的收集、存储和建模,为整个数字经济的运行提供了原始数据输入。

连接层通过有线网络、无线网络和卫星网络等手段,实现数据的长距离传输和不同时空信息的连接,确保了数据流动的广泛性和连续性。

平台层汇集了云计算、数据库、边缘计算、数据安全和开发平台等关键技术,它们联结了数字经济生态系统中的各方参与者,包括客户、制造商和供应商,促进了多边模式下的交流、交易和网络效应的产生。

融合层则利用物联网、人工智能、工业互联网、区块链等核心技术,实现物理世界与数字空间的深度融合,提供全局性的价值赋能,优化资源配置,推动全面创新。

应用层是新型基础设施的最终体现,它基于下层基础设施实现与传统产业的深度融合,对接农业、工业、建筑、交通通信、商贸、文化、物流等各类行业,满足多样化的应用需求,体现了数字经济在垂直应用方面的具体作用。

新型基础设施的构建和发展，不仅为数字经济自身的增长提供了动力，也为现代产业体系的构建和发展提供了强有力的支撑，是数字经济深化发展的重要基础。

（二）信息要素：激发产业发展新动能

信息要素作为独立的生产要素，在经济增长中扮演着日益重要的角色。它正逐步从传统的技术与劳动要素中独立出来，成为激发产业发展新动能的关键力量。

从企业层面来看，信息要素的投入对改进生产流程、培育创新产品和拓展销售渠道具有显著影响。企业通过增加对信息要素的投入，能够促进全要素生产率的优化和提升，实现产品附加值的整体跃迁。此外，企业还需在软件、培训及组织结构调整等方面进行投资，这些投资综合起来，将创造出大量的无形资产，为公司带来长远的竞争优势。

随着信息技术的不断发展和应用，企业的组织结构调整成为提高生产能力的必要条件。信息技术的应用不仅优化了内部运作，还使得企业能够更灵活地响应市场变化，提高资源配置效率。

在宏观经济层面，互联网的广泛应用预示着经济增长与社会发展将更深入地与数字化进程融合。数字化转型正成为推动经济持续增长的新引擎，信息要素的深入应用将持续为经济社会发展注入新动力。

（三）产业数字化催生新业态新模式

近年来，随着数字技术和基础产业的日臻成熟，数字技术在国民经济和社会生活中应用日益广泛，带动数字技术与制造业、农业、服务业加速融合，催生出一大批新产业、新业态和新模式，引领数字经济向纵深推进。在智能制造领域，我国制造业研发、生产、检测等环节智能化水平稳步提升。"阿里云 ET 工业大脑"在智能炼钢、芯片制造等领域的应用，推动制造环节提质增效。在智能金融领域，依托大数据、云计算，智慧大脑参与咨询决策，在开发新产品与优化服务等方面广泛应用，通过 VIP 客户人脸识别方案，提升服务效率。在智能家居领域，以语音助理、语音输入、家庭管家为代表的产品已在智能手机等移动终端广泛应用。在健康管理、疾病预测等智能医疗领域，越来越多地出现数字智能的辅助。

（四）数字产业化：构筑国家崛起的新支点

在全球经济版图中，数字产业化已逐渐暴露为国家竞争力的关键维度，标志着未来大国崛起的重要支点。发达国家正积极投身于科技前沿的博弈与竞争之中，通过战略规划与政策支持，致力于发展面向新一轮科技革命的数字产业。

随着数字产业化的深入发展，企业的管理方式和组织结构也在经历变革。规模管理效应的形成预示着企业竞争方式的转变；扁平式、合作性的组织结构将逐渐取代传统的集中型、层级式结构。企业内部和部门间的界限变得模糊，工作越来越多地通过"虚拟团队"来完成。共享的信息技术为组织流程和智能提供了必要的信息资源，使得流程的并行工作和团队的协同工作成为现实。

在产业模式方面，新技术的创新及推广应用，结合新的消费需求和规制变革，正在形成新产品、新商业流程、新服务模式等全新业态。这些变化不仅为企业带来了新的增长点，也为整个社会的经济发展注入了活力。

数字产业化的发展已经成为全球竞争的新焦点，它不仅关系到国家的当前竞争力，更决定了国家在未来全球经济中的地位。通过积极布局和发展数字产业，各国正努力构筑起未来崛起的战略支点，以期在全球经济中占据有利地位。

（五）信息化与产业新空间：全球产业新格局的拓展

新一代信息技术的快速发展，正在重塑产业的空间布局，并对全球产业格局产生深远影响。在全球化竞争日益激烈的背景下，制造业的全球布局面临重新调整，而制造技术与信息技术的充分融合，成为抢占价值链高端环节的关键因素。

在工业 1.0 时期，产业布局受到动力来源的限制，主要靠近自然水源地，产业分布相对分散。随着工业 2.0 和 3.0 时期电力和自动化技术的发展，以及交通运输的便利化，产业集聚区在城市逐步形成，产业集群的特色逐步显现，产业间的相互配套促进了集聚效应的增强。

进入工业 4.0 时期，信息技术的高度发展和在工业生产中的广泛应用，为产业融合提供了条件。信息、网络、通信技术的进步，使得产业间的融合和互动更为紧密，产业链得以不断拓展和延伸，产业新生态逐渐形成。例如，美国工业互联网联盟和德国工业 4.0 平台通过整合各方资源，突破核心技术，开展测试验证，制定行业标准，并推广解决方案，推动了产业信息化的深入发展。

从工业化和信息化的高度融合角度来看，尽管与美国、德国等领先国家相比还存在一定差距，但应进一步强化产业信息化的力度，推动制造强国和网络强国的建设。这不仅涉及技术层面的融合，也包括产业政策、创新体系、人才培养等多方面的协同发展。

信息化拓展了产业发展的新空间，为全球产业新格局的构建提供了新的路径和机遇。通过加强产业信息化，可以促进产业升级，提升产业竞争力，实现在全球价值链中的高端定位。同时，信息化也为产业创新提供了更为广阔的平台，推动产业向更智能、更绿色、更可持续的方向发展。

在全球产业新格局的拓展过程中，信息化将发挥越来越重要的作用。通过深化信息技术与制造业的融合，加强产业信息化建设，可以为产业发展注入新动能，推动产业向更高层次迈进。这不仅是提升国家竞争力的战略选择，也是实现可持续发展的必由之路。

（六）智能制造：延伸产业价值链的新方式

在数字经济的垂直应用领域，智能制造作为产业融会贯通的直接体现，正成为推动传统产业转型升级的关键力量。智能制造不仅仅是一种生产方式的变革，更是产业价值链条的延伸与重构。

智能制造的核心优势在于其智能化的生产过程，这包括生产服务化、产品生产的柔性化以及组织生产的分散化。这些特点使得企业能够显著提升生产效率、改进管理模式，并提高服务质量。智能制造通过高度自动化和智能化的系统，实现了生产效率的最大化，同时保持了对市场变化的快速响应能力。

智能制造的另一重要贡献在于其对产业价值链的延伸。通过智能化技术的应用，企业能够构建起虚拟的价值链，将传统商业活动中的物流、资金流、信息流进行互联网集成，形成企业的内部价值链。这一内部价值链不仅优化了企业内部的运作流程，提高了资源配置效率，还加强了企业与供应商、渠道商、竞争对手等外部主体的联系，构建起企业的价值链系统。

在智能制造的推动下，企业能够更有效地进行成本控制和价值创造。智能制造系统通过精准数据分析和实时反馈，使得生产过程更加透明化，成本控制更加精确。同时，智能制造还能够帮助企业发掘新的增值服务，通过提供定制化产品和增值服务，为企业带来新的收入来源。

总体来看，智能制造作为产业价值链延伸的新方式，正重塑着传统产业的竞争格局。它通过智能化技术的应用，不仅提升了企业的内部生产效率，还加强了企业与外部环境的互动，推动了产业价值链的延伸和升级。随着智能制造技术的不断进步和应用的深化，其在推动产业高质量发展中的作用将日益凸显。

三、数字经济助推我国产业高质量发展的实施路径

加快发展数字经济，着力突破大数据、区块链、5G商用和人工智能等关键技术发展，集中力量培育一批研发创新、生产制造、服务领域的重点企业，推动信息化与工业化融合，打造自主品牌，推动我国数字经济从"跟跑者"变为引领全球潮流的"领导者"。

（一）新型基础设施建设：产业高质量发展的新基石

为筑牢产业高质量发展的基础，布局新型基础设施成为关键。在数字经济的全产业链竞争时代，构建完善的新一代数字基础设施体系至关重要。

第一，构建新一代数字基础设施体系。产业核心竞争力正从单一技术、产品和企业竞争转向平台和生态系统竞争。为此，必须在感知层、连接层、平台层、融合层、应用层等五大体系综合发力，推动硬件、软件、服务等协调发展，形成具有国际竞争优势且安全可控的数字经济生态体系。同时，加快智能化信息基础设施建设，提升传统基础设施智能化水平，强化数据安全与隐私保护，满足智能经济、智能社会和国防建设的需求。

第二，加快5G、物联网等新型基础设施建设。推进标识解析体系的建设与

完善，利用 5G、时间敏感网络、边缘计算等技术改造工业互联网内外网络，打造智能生产基础设施。优化国家工业互联网骨干网络架构，提升骨干网的高速传送、灵活调度和智能适配能力，以适应移动互联网、物联网等新业务发展。统筹云计算数据中心发展，推进数据中心整合改造与技术升级，并培育 CDN 服务市场，推动内容分发网与移动互联网、云计算等融合发展。同时，加快下一代互联网商用进程，全面推动 IPv6 的升级改造和网络覆盖。

第三，突破重点环节和领域。新技术和新应用如人工智能、5G、物联网、云计算、大数据、高性能集成电路等，是推动数字经济突破式发展的重要力量。需要强化攻关，重点突破，形成竞争优势。统筹规划物联网设施部署，推进基于 5G 的物联网接入技术成熟和网络建设，加快感知设施在城市管理、生产制造、环境保护等领域的应用部署，发展基于 NB-IoT 的物联网应用。加强人工智能基础设施建设，研发量子计算、类脑计算等先进计算技术，并结合工业互联网、车联网等应用，统筹部署云计算、边缘计算等计算设施。

（二）技术协同创新与价值链高端攀升的推进

第一，加快突破关键核心技术。集中突破物联网、工业控制、大数据、人工智能、关键软硬件等核心技术，加快数据接口、网络互联、数据平台、安全防护等重点领域的标准化。推动解决方案提供商、服务商与需求企业供需对接建立渠道，带动更多企业开展数字化、网络化、智能化改造，探索工业互联网应用新模式。积极推进未来光通信领域超大容量、灵活组网和智能管控、5G 及更高速率无源光接入网络等关键技术的研发和商用试验。

第二，加速区块链核心关键技术研发。加大区块链与云计算、大数据、物联网技术的融合发展。针对射频器件、高端传感器、特殊器件、物联网芯片等薄弱技术领域，整合产学研资源及优势，加强协同研发布局，攻克技术难点。发展人工智能通用技术体系，建设人工智能计算架构及芯片基准，推动人工智能开源生态建设，建设人工智能评估认证体系。

第三，突出企业创新主体作用。鼓励企业开展技术创新、管理创新和商业模式创新，通过加大自主研发，促进产品升级，不断提升产品质量和占领市场。通过自主创新，掌握集成电路、人工智能、区块链、5G 等关键领域或若干科技发展的前沿核心技术，形成自主知识产权，打造全新价值链，在国际分工中占据战略制高点。

（三）拓展市场应用，培育一批数字经济领军企业

第一，打造一批综合性大型骨干企业。对标国际知名跨国企业，鼓励阿里、百度、腾讯等有条件、有基础的企业拓展业务领域，扩大国际市场影响力，打造一批拥有自主知识产权、主业突出、核心竞争能力强、发展前景好的综合型、复合型国际知名企业集团。在数字经济领域，跨国公司处于主导地位，掌握着价值链分工的话语权。我国要注重培育一批数字经济领域的大型主导企业，整合上下游产业链各个环节，形成行业发展的领头羊。

第二，形成一批细分行业领军企业。中小企业是促进市场竞争、增进市场活力、推进技术创新、提供就业的重要支柱。加快培育数字经济中小企业，培育一批细分行业领军企业，形成细分市场的竞争优势。聚焦工业互联网、智能制造、智慧医疗等细分市场应用领域，建立优势中小企业筛选体系，鼓励地方培育一批技术含量高、成长性好的数字经济应用中小企业。加强企业数据动态分析和跟踪服务，定期发布数字经济中小企业发展报告。针对数字经济中小企业在人才引进、项目对接等方面面临的紧迫需求，应该积极引导地方政府在用地审批、人才落户等配套服务上给予相应的政策扶持，为这些企业的快速成长创造良好的外部环境。

第三，打造优势自主品牌。品牌作为对消费者产生价值的信号，能够产生网络效应和锁定效应，使拥有强势品牌的企业能够凭借品牌效应获得强大的市场势力。因此，品牌在一个国家的竞争力中具有相当重要的位置。要抓质量建设，积极引入质量认证和追溯体系，加强质量管理，不断夯实企业的产品质量。抓品牌培育，不断开发绿色、智能产品，丰富中高端产品供给。塑造品牌形象，加快国际国内对标，形成一批具有国际竞争力的品牌。

第三节　数字经济下元宇宙产业的发展趋势

"元宇宙作为沉浸式体验、跨空间融合的数字世界新入口是实现全新数字沙盘、高维度仿真、解决现实社会超复杂问题的全新方法论，也是实现数字化转型的新一代发现工具、效率工具和创新工具，对经济的牵引赋能效应巨大。"[①]

元宇宙，这一源自科幻小说的概念，正随着信息技术的飞速发展逐步走向现实。它描绘了一个与现实物理世界平行的数字世界，人们在其中以"网络分身"的形式自由参与各种活动。尽管在概念提出之初，元宇宙被视为一种难以想象的科幻构想，但现代技术如5G、VR/AR、人工智能等的快速进步，正使其逐渐成为可能。

元宇宙目前处于发展初期，学术界对其尚无统一严谨的定义。它被理解为融合了信息革命、互联网革命、人工智能，以及VR、AR、ER、MR和游戏引擎等技术的成果，展现出构建全息数字世界的可能性。这一概念不仅预示着数字技术的集成应用，更指向了人类社会数字化转型的新路径。

元宇宙的内涵超越了单一技术或平台，它是一个集物理世界与数字化于一体的虚拟集合，为人类提供了一个全新的互动空间。在这个世界中，用户能够体验到沉浸式的社交、娱乐、工作等活动，实现现实世界与数字世界的无缝连接。

随着技术的不断进步和创新，元宇宙有望成为数字经济发展的新引擎，推动传统产业的数字化转型，为社会带来深远的影响。它不仅将重塑人类的交互方式，也将为经济、文化、教育等多个领域带来新的机遇和挑战。

一、当前我国元宇宙产业发展历程和政策特点

（一）我国元宇宙产业发展历程

我国元宇宙产业的发展历程是一个逐步演进的过程，它标志着数字经济新纪

[①] 李新宇. 元宇宙赋能数字经济发展的伦理思考[D]. 郑州：河南财经政法大学，2024：21.

元的到来。元宇宙作为一个新兴概念，其引入与探索期标志着产业的初步觉醒。在这一时期，元宇宙的理念开始从科幻领域走向现实世界，尽管技术尚处于起步阶段，产品形态和商业模式尚未成熟，但已为产业的未来发展奠定了坚实的基础。

随着时间的推移，元宇宙产业进入快速发展与布局期。在政策的积极引导和市场力量的双重推动下，元宇宙产业呈现出蓬勃的发展态势。政府层面出台了一系列扶持政策，明确将元宇宙作为未来产业的重点发展方向，并通过国家级专项文件为产业发展提供了明确指引。地方政府亦积极响应，通过出台元宇宙专项政策，致力于构建产业高地，推动区域经济的转型升级。

目前，元宇宙产业正处于生态构建与成熟期的过渡阶段。技术的日益成熟和应用场景的不断拓展，预示着元宇宙产业生态将迎来更加繁荣的发展。在政策的持续支持下，预计产业规模将实现显著增长，核心技术将实现快速突破，元宇宙产业有望成为数字经济的新引擎。此外，元宇宙的深入发展将对人们的生活方式和工作模式产生深远影响，推动社会经济向全面数字化转型迈进。

（二）国家层面元宇宙产业政策特点

近年来，国务院办公厅、工业和信息化部等部门相继出台元宇宙相关行业的政策规划，促进元宇宙产业发展。政策内容和方向聚焦加快元宇宙相关技术，如区块链技术、虚拟技术的发展等。具体政策特点如下：

1. 高度重视战略性布局

元宇宙，这一融合了虚拟现实、增强现实、区块链、人工智能等前沿技术的综合性概念，正逐步从科幻构想走向现实应用，展现出前所未有的发展潜力和变革力量。国家层面对此给予了前所未有的高度重视，视其为推动数字经济高质量发展的新引擎，并据此做了长远的战略性布局。这种布局不仅体现在对元宇宙技术创新的持续投入上，还涵盖了产业规划、市场培育、人才培养等多个维度，旨在通过顶层设计引领元宇宙产业的有序、快速发展。

国家通过出台一系列政策文件，明确了元宇宙产业的发展方向、目标任务和重点举措，为产业参与者提供了清晰的指引。这些政策不仅关注技术层面的突破，还注重产业生态的构建和市场环境的优化，力求在保障产业健康发展的同时，激发市场活力和创新潜能。通过战略性布局，国家旨在将元宇宙产业打造成为未来经济发展的重要支柱，推动经济社会全面数字化转型。

2. 跨部门协同推进

元宇宙产业的复杂性和跨界性决定了其发展需要多个部门的紧密协作与共同努力。国家层面的政策制定充分考虑了这一特点，通过建立健全跨部门协调机制，加强工业和信息化部、教育部、文化和旅游部等相关部门之间的沟通与协作，形成政策合力，共同推动元宇宙产业的健康发展。这种跨部门协同推进的模式有助于打破行业壁垒，促进资源共享和优势互补，为元宇宙产业的快速崛起提供有力保障。

3. 注重技术创新与应用示范

技术创新是元宇宙产业发展的核心驱动力。国家层面的政策始终将技术创新置于首要位置，通过加大研发投入、支持关键技术攻关、推动产学研用深度融合等措施，加速技术成果的转化和产业化进程。同时，国家还注重应用示范的引领作用，鼓励和支持元宇宙技术在工业、教育、医疗、智慧城市等领域的广泛应用，通过成功案例的示范效应带动整个产业的快速发展。这种注重技术创新与应用示范的政策导向有助于提升我国在全球元宇宙产业中的竞争力和影响力。

4. 强调产业生态与协同发展

完善的产业生态是元宇宙产业持续健康发展的重要保障。国家层面的政策强调通过培育龙头企业、促进产业链上下游企业协同发展等方式构建完善的产业生态。一方面，通过政策支持、资金引导等方式扶持一批具有核心竞争力的龙头企业，发挥其在技术创新、市场拓展等方面的引领作用；另一方面，加强产业链上下游企业之间的合作与交流，促进资源共享和优势互补，形成协同发展的良好局面。这种强调产业生态与协同发展的政策导向有助于提升整个产业的竞争力和抗风险能力。

5. 注重标准与监管

随着元宇宙产业的快速发展，标准和监管问题日益凸显。国家层面的政策注重加强标准的研制和监管力度的提升，以确保产业的合规运营和健康发展。一方面，加快制定和完善元宇宙相关标准体系，为产业发展提供规范指导；另一方面，加强对元宇宙产业的监管力度，建立健全监管机制和风险评估体系，及时发现和防范潜在风险。这种注重标准与监管的政策导向有助于维护市场秩序、保障消费者权益、促进产业可持续发展。

二、我国元宇宙产业发展趋势

元宇宙由数字技术驱动，建设元宇宙本质是技术创新。目前，我国能够顺应元宇宙产业发展和技术创新的领域，主要在高端制造和智能资源等方面，诸如芯片、关键基础软件、关键基础材料和特种材料等。此外，基于 VR、AR、人工智能、云计算、物联网、大数据等技术的元宇宙应用，也将在我国商业、医疗、传媒、教育、交通、旅游、建筑等领域发挥广泛的应用价值。

（一）高端制造业

高端制造业作为国家产业竞争力的核心，正经历着深刻的变革。增强 XR 产业链是推动高端制造业发展的关键一环，XR 技术通过结合 AR、VR、MR 等多种形式，为影视、广播、直播娱乐制作提供了全新的视角和体验。随着元宇宙概念的兴起，XR 技术被视为构建沉浸式数字世界的重要工具，对于推动制造业向数字化、智能化转型具有重要意义。

在"工程师红利"的视角下，发展人工智能、芯片、算法与云产业成为高端制造业的另一重要方向。我国丰富的工程师资源为高端制造业的发展提供了人才保障和智力支持。国家政策与资金层面的支持，为高端制造业的技术进步和产业升级提供了坚实的基础，预计未来我国在这些领域将展现出更快的发展速度和技术优势。

内容创意型及新型社交公司在创意红利视角下有望获得显著发展。随着 5G 基建和数字化建设的推进，中国在"toC"端内容消费领域的优势逐渐凸显。元宇宙的出现和发展，将进一步推动用户时长的占据和新内容的创造，加速吸引用户注意力，促进用户基数、使用时间、ARPU 值的大幅增长。

（二）医疗产业

基于 AR 技术开发出交互式 3D 手术平台和术中软件，可提供裸眼观看、非接触式、交互式的三维解剖成像，支持诸如结构性心脏手术等各类复杂手术。术中软件使医疗团队能够与三维的医学数字对象实现直接交互，从而让医生的判断更全面、更准确。利用计算机断层扫描（CT）、核磁共振（MR）、超声心动图和 C—arm（多轴形臂系统）透视图来创建实物大小的器官、血管和其他结构的全息数字版本，并允许医生与特定解剖结构的"数字孪生体"进行交互，以确定治疗目标、手术方法和导管位置，从而捕获更准确的测量值、距离和角度。这些技术大幅缩短了医生的诊疗和准备时间，既减少了医院的成本，也减少了病人为治疗所花费的时间成本，还有效降低了风险，未来将有望在我国医疗领域广泛运用。

（三）商业模式

区块链作为元宇宙的核心技术，堪称"信任的机器"，信息上链后，就会被分布存储、多方见证，不可篡改。在未来，公司还将利用物联网、工业互联网等技术手段创造"数字孪生"，进而将上下游公司的 ERP（企业资源计划）体系、制造系统、仓储体系、物流配送体系等更底层的体系全面打通，并直接接入区块链系统。此举可以大幅提高伪造成本，减少链上信息的伪造可能性，进而提高资产上链的可信度与安全系数。资产上链实现了数字资产和实物资产的融合，可以有力赋能我国实体经济发展，在元宇宙时代有望成为我国主流商业模式。

（四）文化旅游

文旅产业本质上是文化经济、休闲经济、体验经济，在消费过程中实现自由的体验和情感的认同是文旅活动的永恒追求。元宇宙将全面打破文旅行业内容创造者与用户之间的界限，服务与技术将超越内容作为文化旅游商品提供的基础，用户将感受真正意义上的个性化文旅产品。而相比于工业元宇宙、企业元宇宙、政府元宇宙等应用系统相对复杂、实体化应用要求高的领域，文旅行业对元宇宙的主要应用则聚焦于生产过程与消费方式转型，并具有对硬件依赖度较小、实际应用规模和算力规模小、以虚拟产品应用为主的显著特点。所以，我国文化和旅游行业具有快速应用元宇宙的巨大优势。

（五）金融产业

除了实物资产上链，金融资产上链也是非常重要的探索方向。例如，证券型通证是实现金融资产上链的途径之一。证券型通证处于数字资产和传统金融资产的交叉领域，以非常严格的合规为前提，在已经出台相关法律或政策的国家或地区，证券型通证可以与股权、债权、不动产等实体资产挂钩，比如公司股权、私募基金、募债都可以通过STO（证券型通证发行）的方式实现发行并同步上链，可在合规的前提下有效降低发行和流通成本，并提升资产流动性。这对我国金融行业创新发展变革具有重要的意义，对赋能实体经济也很有价值。

（六）教育产业

教育产业基于元宇宙的AI技术和数字化身的应用，将呈现出更加智能化和更具灵活性的特点，有助于让教师和学生在元宇宙世界感知到沉浸式的教学体验。通过元宇宙技术，教育将实现教学活动游戏化、互动化、仿真化，让学生对学习产生更加浓厚的兴趣，积极主动地参与到知识学习和实践探索当中。随着元宇宙技术在我国教育领域的广泛运用，基于元宇宙开源开放的创作环境和去中心化的交互方式，将使教学资源实现实时更新和互动共享。届时，每位教师和学生都将成为教学内容创造和教学体系完善的参与者，教学计划、内容、形式、手段都将按照教学活动实际情况和具体需求进行灵活调整，更加个性化、动态化、智能化的教育图景将得以充分展现。

（七）交通运输产业

人工智能技术是除区块链技术以外，推动元宇宙产业发展的另一项核心技术。人工智能有助于深度分析海量数据，实现整个元宇宙资源配置与协调运转。例如，目前在我国的很多城市，以人工智能和大数据为基础的"城市大脑"已经得到广泛运用，属于元宇宙时代公共治理模式的初级探索阶段。"城市大脑"的功能主要在于有效获知城市各道路实时交通状况，对红绿灯等设备进行智能调节，快速提升道路车辆的通行速度和效率。未来，实时计算、自动感知、仿真推演、多端协同将逐步实现，城市管理的智能化水平也将大大提升。智能化的交通工具和道路基础设施所产生的海量数据将被上传到云端。"城市大脑"可对城市交通中车流、事故以及天气等数据做出实时分析和评估，并直接给出个性化智能调度的建议和指令，以此帮助交通工具采取最合适的交通路线，大大提高整体城市交通运输的运行效率。

第四节　数字经济下产业发展的前景展望

在21世纪的今天，数字经济已成为全球经济发展的重要引擎，其影响力渗透到社会经济的每一个角落，重塑着传统产业格局，孕育着新的经济增长点。随着技术的飞速进步、政策的持续引导以及市场需求的不断升级，数字经济下产业发展的前景展现出前所未有的广阔与积极态势。

一、政策支持与总体趋势：筑牢发展基石

国家政策在推动数字经济发展中扮演着至关重要的角色。近年来，中国政府以前瞻性的战略眼光，密集出台了一系列旨在促进数字经济发展的政策措施，如"互联网+"行动计划、大数据发展战略、《数字中国建设整体布局规划》等，这些政策不仅为数字经济的快速增长提供了坚实的制度保障，还明确了发展方向和重点任务，为各类市场主体参与数字经济建设指明了道路。

在政策引领下，数字经济呈现出蓬勃发展的态势。数字产业化与产业数字化的深度融合成为主流趋势，两者相互促进、共同发展。数字产业化方面，数字产品制造业、数字产品服务业、数字技术应用业等新兴产业迅速崛起，形成了一批具有国际竞争力的领军企业；产业数字化方面，传统行业纷纷拥抱数字技术，通过数字化转型提升生产效率、优化管理流程、创新服务模式，实现了产业升级和高质量发展。

二、市场规模与增速：持续扩大的蓝海

数字经济的市场规模持续增长，这一现象直接映射了产业发展前景的广阔性。近年来，我国数字经济产业规模的显著扩大，已成为推动经济增长的关键因素。随着技术的创新和应用领域的不断拓展，数字经济展现出了强劲的增长势头和市场活力。

未来的发展预期显示，数字经济市场规模将维持快速增长的态势。技术进步，尤其是数字经济核心产业的快速发展，为整个行业的增长提供了有力的推动。这些核心产业不仅包括信息技术、互联网服务、电子商务等，还涵盖了数字化转型过程中的各个关键环节。

数字经济的增长动力源自其内在的创新能力和对传统产业的改造升级。数字化技术的广泛应用，促进了生产效率的提升和商业模式的创新，进而推动了市场规模的扩大。同时，数字经济的快速发展也为社会创造了新的就业机会，促进了经济结构的优化。

三、关键领域与技术创新：引领产业升级

数字经济的发展离不开关键领域的支撑和技术创新的驱动。在数字基础设施建设方面，我国正加快布局云计算、区块链、人工智能等新型基础设施，为数字经济的发展提供强有力的支撑。这些新型基础设施的部署和应用，不仅提升了数据处理能力、降低了运营成本，还促进了数据资源的共享和流通，为数字经济的繁荣发展奠定了坚实基础。

在新兴技术应用方面，生成式人工智能（AIGC）等技术的快速发展为数字经济注入了新的活力。随着技术的不断成熟和应用场景的拓展，人工智能将在交通、健康、环保等多个领域发挥重要作用，形成区域乃至全国性的人工智能基础设施。这些基础设施的建设将进一步提升社会智能化水平，推动数字经济向更高层次发展。

四、产业融合与转型：构建新生态

数字经济与传统产业的深度融合是推动产业升级的重要途径。在农业领域，

数字农业成为全面乡村振兴的重要抓手和驱动力。通过数据要素市场与农业的深度融合，农业生产、流通的传统模式得到根本性改变，智能化、精准化的农业生产方式逐渐普及，农产品供应链也更加高效、透明。这不仅提高了农业生产效率和质量，还促进了农民增收和农村经济发展。

在工业领域，工业互联网建设加速推进，工业互联网平台成为传统产业数字化转型的重要途径。通过工业互联网平台，企业可以实现设备互联、数据互通、业务协同，推动制造业产业链向高端化、智能化方向发展。这不仅提升了企业的核心竞争力，还促进了产业生态的完善和发展。

在服务业领域，传统服务业如金融、健康、文旅等领域的数字化转型也在加速推进。通过运用数字技术，这些行业实现了服务模式的创新和服务质量的提升，催生了大量新模式、新业态。例如，数字金融通过大数据、云计算等技术手段，为中小企业提供更加便捷、高效的融资服务；数字健康通过远程医疗、智能诊断等方式，提高了医疗服务水平和可及性；数字文旅则通过虚拟现实、增强现实等技术手段，为游客提供更加丰富多彩的旅游体验。

五、国际合作与治理：共筑数字未来

在全球化背景下，数字经济领域的国际合作日益加强。跨境数据贸易作为服务贸易的重要组成部分，将迎来重要突破。中国将积极探索建立数据互联互通、互利互惠的贸易规则，推动跨境数据流动的自由化、便利化。这不仅有助于提升我国在全球数字贸易中的竞争力，还将促进全球数字经济的协同发展。

同时，中国还将在全球数字治理秩序建立过程中发挥更大作用。作为全球数字经济的重要参与者和贡献者，中国将积极倡导多边主义原则，推动构建公正合理的全球数字治理体系。通过加强与其他国家的政策沟通、技术交流和合作，共同应对数字经济发展面临的挑战和问题，推动全球数字经济实现更加繁荣、可持续的发展。

六、未来展望：趋势引领新篇章

展望未来，数字经济下的产业发展呈现的趋势有：一是技术驱动创新将更加显著。随着人工智能、区块链等技术的不断成熟和应用场景的拓展，数字经济将催生出更多创新模式和业态；二是产业深度融合将加速推进。数字产业化与产业数字化的深度融合将进一步加速推进，推动传统产业转型升级和新兴产业的快速发展，形成更加紧密、高效的产业生态体系；三是国际合作将进一步加强。在全球化的浪潮中，各国在数字经济领域的合作将更加紧密，共同应对全球性挑战，分享发展机遇，推动全球数字经济协同发展。

七、技术驱动创新：开启无限可能

技术是推动数字经济发展的核心动力。随着人工智能、区块链、大数据、云计算等技术的不断突破和应用深化，数字经济将展现出前所未有的创新活力。人工智能技术的广泛应用，将推动智能制造、智慧医疗、智慧城市等领域的快速发展，实现生产过程的智能化、服务模式的个性化、城市管理的精细化。区块链技术的分布式账本、不可篡改等特性，将为金融、供应链、版权保护等领域带来革命性变革，提升交易透明度、降低信任成本。大数据和云计算技术的融合应用，将促进数据资源的深度挖掘和价值释放，为政府决策、企业运营、个人生活提供精准的数据支持和服务。

八、产业深度融合：构建新型产业体系

数字产业化与产业数字化的深度融合，将推动形成新型产业体系。一方面，数字产业化将催生出一批新兴产业，如数字创意、数字内容、数字安全等，这些产业将依托数字技术不断创新产品和服务，满足市场多元化、个性化的需求。另一方面，传统产业通过数字化转型，将实现生产流程的重构、管理模式的创新和服务模式的升级，提升产业附加值和竞争力。例如，制造业将向智能制造转型，通过引入物联网、人工智能等技术，实现生产过程的自动化、智能化和柔性化；农业将向智慧农业迈进，利用大数据、遥感等技术优化种植结构、提高生产效率；服务业将向数字化、网络化、智能化方向发展，提供更加便捷、高效、个性化的服务体验。

参考文献

[1] 刘亚威. 数字经济的发展研究 [M]. 延吉：延边大学出版社，2023.

[2] 宋爽. 数字经济概论 [M]. 天津：天津大学出版社，2021.

[3] 南开大学数字经济研究中心编写组. 数字经济与中国 [M]. 天津：南开大学出版社，2021.

[4] 赵京龙. 数字经济推动产业转型升级的机制、问题与对策研究 [J]. 海峡科技与产业，2023，36（11）：49.

[5] 李秉龙，薛兴利. 农业经济学（第3版）[M]. 北京：中国农业大学出版社，2015.

[6] 段藻洱. 乡村振兴背景下数字农业的发展机理与优化路径研究 [J]. 农业经济，2024（08）：25.

[7] 刘馨嵘，韩嫣婕. 数字经济驱动下的产业绿色转型与高质量发展协同机制研究 [J]. 经营管理者，2024（08）：54.

[8] 何丹妮. 生产智能化促进了中国产业结构转型升级吗？ [J]. 财经理论研究，2024（03）：48.

[9] 杨玉桢，张凡凡. 数字经济对制造业价值链攀升的影响研究 [J]. 河北企业，2024（06）：7.

[10] 何帆. 改革开放40年制造业发展的主要经验与成就 [J]. 云南财经大学学报，2019，35（11）：84.

[11] 袁绪胜. 数字经济带动农业经济发展的路径探索 [J]. 山西农经，2024（15）：55.

[12] 李新宇. 元宇宙赋能数字经济发展的伦理思考 [D]. 郑州：河南财经政法大学，2024：21.

[13] 何荣靖. 数字经济助力农业现代化的实施路径研究 [J]. 中国农机装备，2024（07）：20.

[14] 谷菲. 数字经济对现代服务业发展水平的影响研究 [D]. 秦皇岛：燕山大学，2023：21.

[15] 孙莉莉. 数字经济对就业质量的影响研究 [D]. 济南：中共山东省委党校，2024：14.

[16] 徐珂，陈雯婕，陈高昂. 新发展格局下数字化转型对产业结构升级的影响研究 [J]. 现代商业，2024（13）：97.

[17] 陈露娟. 基于数字经济背景的电商发展策略分析 [J]. 中国市场，2024（18）：186.

[18] 戚飞. 众里寻他千百度：医疗数字化 [J]. 张江科技评论，2021（04）：50.

[19] 俞立平，张矿伟，吴昱. 数字化转型、技术创新与高技术产业绩效 [J]. 南京航空航天大学学报（社会科学版），2024，26（02）：18.

[20] 李响. 数字经济赋能制造业高质量发展的内生动力与途径探讨 [J]. 商展经济，2024（11）：128-131.

[21] 祝红梅，王勇. 发展新质生产力的三个着力点和四个协同路径 [J]. 河北学刊，2024，44（04）：23-29.

[22] 施定涛. 数字经济赋能农业产业高质量发展思考 [J]. 合作经济与科技，2024（15）：34-35.

[23] 万佳俊，倪卫红. 数字经济视角下农业供应链金融创新模式研究 [J]. 山西农经，2024（10）：205-208.

[24] 湛泳，李胜楠. 新质生产力推进产业链现代化：逻辑、机制与路径 [J]. 改革，2024（05）：54-63.

[25] 杨岚. 数字经济助力农业现代化发展的困境与路径研究 [J]. 农业经济，2024（05）：15-18.

[26] 李晓华. 构建适应新质生产力发展的产业政策体系 [J]. 人民论坛·学术前沿，2024（09）：35-42.

[27] 王鹏，朱彦旭. 新质生产力视域下的未来产业：理论逻辑与发展思路 [J]. 特区实践与理论，2024（02）：13-19.

[28] 秦海波，李文翰，孙卢玲，等. 中国数字经济政策的焦点变迁与演进规律[J]. 中国科技论坛，2024（03）：83-94.

[29] 曾祥瑞. 数字经济发展对制造业的影响分析[J]. 现代工业经济和信息化，2024，14（02）：72-74+132.

[30] 张瑞. 数字经济下智慧交通发展及对经济社会的影响[J]. 活力，2024，42（03）：190-192.

[31] 周珺，周明生，卓娜. 数字经济时代我国制造业的绿色转型发展[J]. 科技导报，2023，41（22）：77-82.

[32] 黄萍，罗鉴，史亚莉，等. 数字文旅产业融合发展的逻辑、路径与机制[J]. 四川省干部函授学院学报，2023（03）：3-11.

[33] 路二霞. 数字经济背景下推动产业结构转型升级的路径研究[J]. 科技经济市场，2023（06）：16-18.

[34] 冯江华. 数字经济时代我国元宇宙产业的内涵特征、政策特点与发展趋势[J]. 新疆社科论坛，2022（05）：100-106.

[35] 曹艳林，张可，易敏，等. 数字时代的医疗数字化与数字医疗[J]. 卫生软科学，2022，36（10）：80-85.

[36] 张玉蓉，蔡雨坤. 数字文旅产业高质量发展的契机、挑战与对策研究[J]. 出版广角，2022（07）：53-57.

[37] 盛磊. 数字经济引领产业高质量发展：动力机制、内在逻辑与实施路径[J]. 价格理论与实践，2020（02）：13-17+34.